DIE 101 BESTEN HOTELS DEUTSCHLANDS®

2020/21

INHALT

Eine Orientierung und Einordnung der Besten.

DANKE AN UNSERE LUXUS- UND LIFESTYLE-PARTNER:

Mobilität: PORSCHE

Champagner: Champagne Laurent-Perrier, Maison fondée 1812, Tours-sur-Marne

Reise: TRAVEL GRAND grandios reisen.

Gesundheit: Helios; WIR FÜR GESUNDHEIT Netzwerk für Qualitätsmedizin

Zeitmesser: FAVRE-LEUBA SWISS MADE SINCE 1737

Erholung: 100 Jahre Mühldorfer

Design: KALDEWEI

PR: Wilde & Partner

Marketing: ONLINEBIRDS HOTEL MARKETING SOLUTIONS

Entspannung: FBF bed & more

Fitness: TECHNOGYM The Wellness Company

Schönheit: swiss smile

Zukunft: hansen heinrich

Architektur: KITZIG DESIGN STUDIOS INTERNATIONAL

Members Club: China Club Berlin

Beauty: PURO Hotelkosmetik Baden-Baden

Ästhetik: ST DR. DR. STEIN TVETEN aesthetic clinic

Entertainment: sky

Tee: Ronnefeldt TEA EXCELLENCE SINCE 1823

Kosmetik: MOLTON BROWN LONDON

QUELLE DER INSPIRATION

Ranglisten inspirieren seit jeher die Gemüter und sorgen für einen gesunden Wettbewerb. Musikcharts zeigen, wer die meisten Titel verkauft, Weltranglisten im Sport geben einen Überblick über die Champions und für Bücher gibt es Bestsellerlisten.

Einen Maßstab für Hotels anzulegen ist jedoch ungleich schwieriger, wenn es nicht um die Zahl der Betten oder die Zimmerrate geht. In Deutschland gibt es mehr als 11.000 Hotels. Darunter befinden sich viele Top-Häuser, die das Rückgrat unserer hochwertigen Gastfreundschaft und Servicekultur bilden. Aber welche sind die absoluten Spitzenadressen?

Die Antwort darauf gibt das neue Ranking *Die 101 besten Hotels Deutschlands*. Unter der Führung des Institute for Service- and Leadership Excellence als Initiator und Träger haben sich vier renommierte Partner zusammengetan, um diese Rangliste nach transparenten Kriterien zu erstellen: Die IUBH Internationale Hochschule, das Handelsblatt, die ahgz Allgemeine Hotel- und Gastronomie-Zeitung und die CKR Hospitality Consulting des Unternehmers und Ideengebers Carsten K. Rath. Den entscheidenden Impuls gab der renommierte Hoteltester Karl Wild, Autor von *Die 100 besten Hotels der Schweiz*. Herausgekommen ist ein Hotel-Ranking, das es so bisher nicht gibt. Wir freuen uns sehr, dass wir Ihnen diese Zusammenstellung nun erstmals vorlegen können.

Wie kommt die Reihenfolge zustande? Unsere erste Grundlage ist die Auswertung der Bewertungen großer Buchungsplattformen wie zum Beispiel Booking.com. Hinzu kommen Expertenrankings wie die Gold List von Condé Nast. Den relevanten, statistischen Teil übernehmen die Spezialisten der IUBH auf Professorenebene. Danach werden zur Feinabstimmung weitere Kriterien der Partner angelegt, wie zum Beispiel die Qualität der Hardware, die Erfüllung des Erlebnisversprechens oder gastronomische Aspekte. Schließlich werden die besten Hotels getestet. Aus dieser kombinierten Gäste- und Expertenexpertise setzt sich die Gesamtbewertung zusammen.

Auch wenn wir wissen, dass es absolute Objektivität nicht gibt, sind wir davon überzeugt, eine wertvolle Übersicht und Einordnung der Hotellerie in Deutschland geschaffen zu haben. Eines hat die Auswertung gezeigt: Die Qualität am oberen Ende der Skala ist groß, und die Top-Hotels liegen oft dicht beieinander. Manchmal geben Kleinigkeiten den Ausschlag, wer die Nase vorn hat.

In vielen Ländern wie etwa der Schweiz, den USA oder in UK sind solche hochwertigen Ranglisten seit Jahren üblich. Ausgerechnet in unserer exzellenten Hotellandschaft fehlte bisher eine solche Orientierungsgröße. Diese Lücke haben wir nun geschlossen. Wir beglückwünschen die 101 Champions in dieser Liste und ihre Verantwortlichen sehr herzlich und freuen uns, wenn Ihnen diese Zusammenstellung gefällt.

Carsten K. Rath,
CKR Hospitality
Consulting

Rolf Westermann,
ahgz

Prof. Thuy,
IUBH

Christian Rickens,
Handelsblatt

NUR WAS INNEN GLÄNZT, KANN AUSSEN FUNKELN: DIE 101 BESTEN HOTELS DEUTSCHLANDS

Mit welcher Hotelübernachtung wird mein nächster Business-Trip noch angenehmer? Gibt es ein Resort Hotel, das besonders kinderfreundlich ist und beim nächsten Familienurlaub alle Familienmitglieder begeistert? Wo kann ich ein echtes Grand Hotel Erlebnis buchen? Wenn Sie sich diese oder ähnliche Fragen jedes Jahr aufs Neue stellen, dann halten Sie genau die richtige Lektüre in Ihren Händen. Auf den kommenden Seiten finden Sie unter den *101 besten Hotels* garantiert die für Ihren Wunsch passende Unterkunft innerhalb Deutschlands und bei unseren deutschsprachigen Nachbarn. Die Frage nach außergewöhnlichen Hotels höre ich selbst sehr häufig von Freunden und Bekannten. Als Vielreisender, der mehrmals im Jahr den Globus umkreist, als ehemaliger Grand Hotelier und Eigentümer des Reise-Portals travelgrand.ch kenne ich die Hotelbranche und gebe meine Erfahrung natürlich gern weiter. Ich bin zugegebenermaßen ein eher kritischer Hotelgast und achte sehr genau auf die Details, vor allem auf den Service. Denn genau dieser grenzt ein gutes Hotel von einem außergewöhnlichen Hotel ab und sorgt für ein unvergessliches Reiseerlebnis.

Was zeichnet nun die großartigen Hotels in Deutschland aus? Die Antwort ist so vielseitig wie die Häuser selbst. Ist die Lage das Entscheidende, wie Konrad Hilton einst definierte? Ist es die Herzlichkeit des Gastgebers und seines Teams? Liegt der persönliche Fokus eher auf der Hardware oder doch auf dem Erlebnis? In meinen Augen glänzt das beste Hotel mit seiner Vielseitigkeit und der exzellenten Kombination aller zuvor genannten Punkte. Dabei hat es gleichzeitig seinen ganz eigenen Charakter. Ein unpersönliches Konzept von der Stange begeistert auch in der Hotellerie keinen Gast. Der Wohlfühlfaktor spielt eine entscheidende, wenn nicht sogar die tragende Rolle. Ein außergewöhnlich geführtes Haus überzeugt mit kompromissloser Service Excellence, die täglich vom gesamten Team – vom Portier bis in die Management-Etage – spürbar gelebt wird. Im Mittelpunkt stehen immer Sie, ganz gleich, ob Sie sich Wellness-Urlaub oder eine kreative Business-Auszeit von Ihrem Hotelaufenthalt wünschen.

Das Institute for Service- and Leadership Excellence stellt sich genau dieser herausfordernden Aufgabe, *Die 101 besten Hotels Deutschlands* für Sie herauszufiltern. Wir vier Partner – das Handelsblatt, die IUBH Internationale Hochschule, die ahgz Allgemeine Hotel- und Gastronomie-Zeitung und ich – entwickelten gemeinsam eine Rangliste, die die wissenschaftliche und praktische Sichtweise perfekt miteinander vereint.

Die 101 besten Hotels Deutschlands gibt Ihnen eine Orientierungshilfe bei der Auswahl Ihrer nächsten Unterkunft. Gleichzeitig ist dieses Ranking ein Ansporn für die Kollegen der Grand Hotellerie, auch im nächsten Jahr wieder unter den besten 101 Top-Hotels dabei zu sein und sich in der Rangliste nach oben zu arbeiten – nächstes Jahr in verschiedenen Kategorien. Mir persönlich ist es wichtig, die Hotellandschaft in Deutschland für Sie zu ordnen und eine aussagekräftige Inspiration darzubieten. Denn wie bei der Vergabe von olympischen Medaillen ist unser Hotelranking eine Momentaufnahme, die sich verändern kann und entsprechend verteidigt werden muss. Außerdem zollen wir unseren Nachbarn Respekt und präsentieren in diesem Buch das beste Hotel Österreichs, Südtirols sowie der Schweiz. Einige Hotels sind nicht unter den *101 besten Hotels Deutschlands*, haben aber dennoch ihren Weg ins Buch gefunden: unsere Trouvaillen. Das hat unterschiedliche Gründe. Vielleicht sind sie noch zu neu, um in die Bewertung zu fallen, oder sie sind schlichtweg noch nicht relevant gelistet. Wir legen auf diese Häuser einen Fokus, denn vielleicht sind dies die besonderen Hotels von morgen.

Jetzt wünsche ich Ihnen viel Vergnügen beim Stöbern durch *Die 101 besten Hotels Deutschlands* und anschließend einen wunderbaren Aufenthalt in Ihrer Wunsch-Location! Wir freuen uns über jeden Kommentar von Ihnen, denn genau um Sie, den Gast, geht es.

Carsten K. Rath,
CKR Hospitality Consulting,
www.carstenrath.com

P.S.: Wahrer Luxus ist nie institutionell, sondern immer individuell!

DIE PARTNER

HANDELSBLATT

Die Nr. 1 der Finanz- & Wirtschaftszeitungen. Denn Substanz entscheidet.

»Journalisten sind beruflich viel unterwegs, ebenso die Leser des Handelsblatts. Wohl jeder hat dabei schon einmal erlebt, dass die herkömmliche Sternebewertung nur wenig darüber aussagt, wie wohl man sich in einem Hotel wirklich fühlt. Die Kundenbewertungen in den einschlägigen Buchungsportalen sind da schon aussagekräftiger. Doch sie basieren meist auf sehr subjektivem, persönlichem Erleben. In einem Gespräch mit dem Hotelexperten Carsten Rath kristallisierte sich rasch die eigentliche Marktlücke heraus: ein Hotelranking, das objektive Qualitätsmaßstäbe mit individuell empfundener Kundenzufriedenheit kombiniert. Die so entstandene Rangliste sehen wir in erster Linie als Dienst an unseren Lesern. Denn auf Reisen in einem Hotel zu übernachten, in dem man sich wirklich wohlfühlt: das ist der vielleicht einfachste Weg zu mehr Lebensqualität und Genuss im Alltag. Handelsblatt-Leser wissen zudem: Die soziale Marktwirtschaft lebt von Markttransparenz und Wettbewerb. Beides gehört zur journalistischen DNA des Handelsblatts, zu beidem wollen wir mit den *101 besten Hotels Deutschlands* einen Beitrag leisten.«

Christian Rickens, Ressortleiter Agenda Handelsblatt

Michael Raschke, Chef vom Dienst Handelsblatt Magazin

ahgz

Leitmedium der Branche: Print, Digital, Fachveranstaltungen (Hotelier des Jahres)

»Rankings befeuern den Wettbewerb und sorgen für Inspiration. Wir wollen mit diesem ersten Aufschlag eine transparente Orientierungshilfe in unserer hochwertigen Hotellandschaft bieten.«

Rolf Westermann, Chefredakteur ahgz Allgemeine Hotel- und Gastronomie-Zeitung (dfv Mediengruppe) und Buchautor *Der Tag der Entscheidung*

»Rankings machen Spaß und informieren! Angereichert mit Hintergrundinformationen sind sie für unsere Leser ein echter Mehrwert.«

Natascha Ziltz, Leitende Redakteurin der Magazine der hotelier & hoteldesign

IUBH

Mehr als 30.000 Studierende, über 100 Studiengänge und 21 Standorte in Deutschland

»Das Ergebnis des Rankings stellt eine so weit wie möglich objektive Bewertung der deutschen Spitzenhotellerie dar. Der geringe Abstand, der zwischen den einzelnen Häusern zu beobachten ist, belegt eindrucksvoll, wie gut die deutsche Hotellerie in ihrer Spitze doch den Ansprüchen von Gästen und Experten gerecht wird. Das Ergebnis des Rankings zeichnet die besten Häuser zurecht aus, ist aber zugleich Beleg für die Qualität einer ganzen Branche.«

Prof. Dr. Peter Thuy,
Rektor IUBH – Internationale Hochschule

»Das Ranking stellt eine Anerkennung für die Mitarbeiter und das Management der gelisteten Hotels dar, denen es gelingt, die Erwartungen ihrer Gäste in herausragender Art und Weise zu übertreffen und in der Interaktion mit dem Gast ihre Service Excellence jeden Tag aufs Neue unter Beweis zu stellen.«

Prof. Dr. Annegret Wittmann-Wurzer, IUBH Duales Studium München, Fachgebiet: Hospitality, Tourism & Event

CKR HOSPITALITY CONSULTING

Carsten K. Rath ist Unternehmer und Owner der CKR Hospitality Consulting sowie »Service-Experte Nr. 1 in Deutschland« (n-tv)

»Die Auswertung zeigt, dass die Qualität insgesamt sehr hoch ist. Manchmal entscheiden Nuancen darüber, wer die Nase vorn hat. Wir wollen dem Gast mit diesem einzigartigen Ranking bei der Orientierung helfen. Wettbewerb ist gut, denn alles, was gemessen wird, wird auch verbessert.«

Carsten K. Rath

INSTITUTE FOR SERVICE- AND LEADERSHIP EXCELLENCE

Das Institute for Service- and Leadership Excellence setzt sich für die bedingungslos kundenzentrierte Haltung von Service Excellence ein – übrigens in vielen Industrien auch außerhalb der Hospitality-Welt. Einen messbaren Standard, der auf Hotels unterschiedlicher Kategorien und das Gastgewerbe gleichermaßen anwendbar ist, gibt es bislang nicht. Ziel ist es, dass Service Excellence zur internationalen Norm avanciert und damit zu mehr Kundenbegeisterung beiträgt.

Das Institute schafft als Träger und Rechteinhaber mit dem Ranking *Die 101 besten Hotels Deutschlands* vergleichbare Service Excellence Standards für die Hotellerie in Deutschland, gemeinsam mit den vier Partnern Handelsblatt, aghz, IUBH und CKR Hospitality Consulting.

UNABHÄNGIG UND TRANSPARENT

Wie kommt das Ranking für *Die 101 besten Hotels Deutschlands* zustande? Das erklären der IUBH-Rektor Prof. Peter Thuy und Kollegin Prof. Annegret Wittmann-Wurzer im ahgz-Interview mit Rolf Westermann.

Prof. Thuy, welchen Part des Rankings übernimmt die Internationale Hochschule IUBH?

Prof. Thuy: Die IUBH hat die Methodik und die technische Umsetzung der Rankingberechnung verantwortet. In die Bewertung selber war die IUBH hingegen nicht involviert.

Was ist wichtig an einem Ranking?

Prof. Thuy: Wichtig an einem Ranking ist, dass es geeignete Kriterien für die Beurteilung heranzieht, das heißt Kriterien, die valide und reliabel sind. Kriterien müssen das ins Auge gefasste Ziel abbilden und ihre Ausprägungen müssen tatsächlich messen, was gemessen werden soll. Außerdem sollte ein Ranking transparent und nachvollziehbar sein und es sollte am Ende Ergebnisse liefern, die den Adressaten des Rankings – etwa Ihren Lesern – auch eine Hilfe sind.

Welches sind die häufigsten Fehler, die gemacht werden?

Prof. Thuy: Oft fehlt es an Transparenz. Es werden eindimensionale Kriterien verwendet und so Rangfolgen produziert, die zu kurz greifen oder von den Lesern auch inhaltlich nicht nachzuvollziehen sind.
Prof. Wittmann-Wurzer: Wir setzen mit unserem Vorgehen auf eine Multidimensionalität im Sinne einer Kombination aus Gästebewertungen, externen Rankings und Experteneinschätzung.

Frau Prof. Wittmann-Wurzer, hier kommen Sie ins Spiel. Welche Methodik liegt der Rangliste zugrunde?

Prof. Wittmann-Wurzer: Methodisch wird zur Ausarbeitung der Rangliste eine sequentielle Entwicklung über drei Dimensionen verfolgt: Ausgehend von den Gästebewertungen auf einer geschlossenen und offenen Plattform wird in einem nächsten Schritt die Reputation anhand externer Rankings berücksichtigt und schlussendlich durch eine auf einer Qualitätsbeurteilung vor Ort basierenden Expertensicht vervollständigt.

Wie kommt die Grundauswahl bei 11.000 Hotels zustande?

Prof. Wittmann-Wurzer: Zunächst haben wir diejenigen Hotels erhoben, die auf Tripadvisor oder Booking.com mit 5 Sternen klassifiziert bzw. mit 5 Punkten eingestuft waren und gleichzeitig auf dem jeweils anderen Portal mindestens 4 Sterne/Punkte auswiesen. Des Weiteren wurden nur jene Hotels berücksichtigt, die mindestens über 15 Zimmer verfügen, F&B-Leistungen anbieten und auf beiden Plattformen kumuliert über 120 Bewertungen hatten.

Welche Bewertungskriterien haben Sie herangezogen?

Prof. Wittmann-Wurzer: Der erste Gradmesser liegt in der jeweiligen Gesamtbewertung der Hotels auf den beiden

Portalen Tripadvisor und Booking.com. Ein weiteres Bewertungskriterium bildet die Auszeichnung von Hotels in etablierten Publikationen wie Hornsteinranking, Bilanzranking und Condé Nast Traveler. Die dritte Einflussgröße bildet die von Experten auf definierten Kriterien basierende Qualitätseinschätzung.

Ist das ein übliches Vorgehen?

Prof. Wittmann-Wurzer: Das Vorgehen definiert sich vorrangig über die angestrebte Zielsetzung. So liegt unser Fokus weder auf der isolierten Betrachtung der Gästesicht auf Onlineplattformen, noch auf der ausschließlichen Berücksichtigung der Expertenbeurteilung. Wir setzen mit unserem Vorgehen auf eine Multidimensionalität im Sinne einer Kombination von Gästebewertungen, externen Rankings und Experteneinschätzung.

Wäre die rein statistische Auswertung der Buchungsportale nicht objektiver gewesen?

Prof. Wittmann-Wurzer: Bewertungsportale bieten Nutzern die Möglichkeit, Bewertungen abzugeben und Erfahrungen mit anderen Internetnutzern zu teilen. Damit tragen sie wesentlich dazu bei, die Qualitätsurteile von Gästen komprimiert darzustellen und bilden somit eine valide Ausgangsbasis. Wir sind jedoch davon überzeugt, dass unsere Erweiterung durch externe Rankings und Expertenbeurteilungen der Objektivierung zugutekommt.

Was macht aus Ihrer Sicht ein gutes Ranking aus?

Prof. Wittmann-Wurzer: Neben den Grundprämissen wie etwa Transparenz und Unabhängigkeit zeichnet sich aus meiner Sicht ein gutes Ranking vor allem durch ein differenziertes Setup aus, das geeignete Sichtweisen in den Betrachtungshorizont nimmt, welche bestmöglich auf die zugrundeliegende Intention des Rankings einzahlen.

Erfüllt die Rangliste* Die 101 besten Hotels Deutschlands *diese Anforderungen?

Prof. Wittmann-Wurzer: Ja, wir legen messbare Kriterien zugrunde, die für die Hotellerie relevant und aussagekräftig sind, wobei wir unterschiedliche Blickwinkel durch die drei Dimensionen vereinen.

Prof. Thuy, gab es Überraschungen oder Versuche, Kandidaten nach oben oder unten zu »zaubern«?

Prof. Thuy: Wenn man sich die Ergebnisse des Rankings anschaut, so kann man sicher sagen, dass Hotels in der Spitzengruppe sind, die man dort auch erwarten konnte. Es gibt also insofern keine »Ausreißer« nach oben. Ich kann durchaus nachvollziehen, dass das ein oder andere Haus sich selbst weiter oben im Ranking erwartet hätte. Die Einbeziehung der Kundenwahrnehmung hat hier eine wichtige Rolle gespielt. Und hier liegt auch einer der großen Vorzüge des Rankings. Es ist nicht von außen zu beeinflussen und es gab auch keine Versuche dieser Art.

Alles in allem: Wie lautet Ihr Fazit?

Prof. Thuy: Insgesamt ist aus meiner Sicht ein Ranking gelungen, das unabhängig und transparent ist. Es gibt den Lesern eine Einschätzung der Spitzenhotellerie an die Hand, auf dessen Grundlage sich natürlich jeder Hotelgast seinen eigenen Eindruck verschaffen kann. In den nächsten Jahren werden wir unsere Vorgehensweise kontinuierlich verfeinern, um dem Anspruch, der an ein etabliertes Ranking der *101 besten Hotels Deutschlands* gestellt wird, dauerhaft gerecht werden zu können.

»DIE RICHTIGEN HÄUSER AUSZUWÄHLEN IST ALLES ANDERE ALS EINFACH. UND DEUTSCHLAND IST ZEHNMAL GRÖSSER ALS DIE SCHWEIZ«

KARL WILD

Als ich hörte, ein Buch mit der Auflistung der besten Hotels in Deutschland sei geplant, fand ich das großartig. Gleichzeitig fragte ich mich: Wer soll das bloß machen? Denn seit ich vor 25 Jahren das erste Schweizer Hotelrating veröffentlicht habe, weiß ich eines sehr genau: Die richtigen Häuser auszuwählen ist alles andere als einfach. Und Deutschland ist auch noch zehnmal grösser als die Schweiz. Meine leise Skepsis schwand, als der Name Carsten K. Rath fiel. Carsten und ich lernten uns kennen, als er vor bald sechs Jahren das *Kameha Grand* beim Zürcher Flughafen mit einer genialen Fete eröffnete. Während der unzähligen Diskussionen, die wir seither über Gott und die Welt und natürlich über die Hotellerie mit allem Drum und Dran geführt haben, ist eine Freundschaft entstanden. Und ich weiß, dass Carsten K. Rath alles, aber auch alles mitbringt, um diesen Job zu machen. Und dass er ein dickes Fell hat.

Denn ein dickes Fell ist, neben allem Know-how, unabdingbar. In der Schweiz dauerte es etliche Jahre, bis das Rating *Die 100 besten Hotels der Schweiz* akzeptiert wurde. Dafür steht die Branche samt ihren Verbänden heute voll dahinter. Die Hoteliers sehen marketingtechnisch einen Segen darin, unter den Besten aufgeführt zu sein – und spielen das auf allen Kanälen geschickt aus. Die Erkenntnis, dass eine faire, professionelle Hotelbewertung gerade in Zeiten von Tripadvisor und Co. eminent wichtig ist, hat sich durchgesetzt.

Ich wünsche Carsten K. Rath mit seinem Projekt viel Erfolg. Und ich freue mich, wenn ich ihn ein wenig unterstützen darf.

Karl Wild

Karl Wild ist Spiritus Rektor mit seinem Hotel-Ranking in der Schweiz

DIE 101 BESTEN HOTELS DEUTSCHLANDS – DIE GRUNDSÄTZE DES RANKINGS

Das Institute for Service- and Leadership Excellence und die vier Partner fassen *Die 101 besten Hotels Deutschlands* in einem aussagekräftigen und vor allem relevanten Ranking zusammen. Gleichsam handeln die Akteure im gesamten Rankingprozess kompromisslos nach einer einheitlichen, qualitativ ebenso hohen Prämisse, den nachfolgenden 10 Grundsätzen:

1. SERVICE EXCELLENCE

Das Institute for Service- and Leadership Excellence verpflichtet sich als Träger des Hotelrankings *Die 101 besten Hotels Deutschlands*, die Ergebnisse nach den gehobenen Service-Ansprüchen des Gastes auszurichten. Der Gast und sein Wohlbefinden sind zentral für das Ranking.

2. UNABHÄNGIGKEIT

Das Ranking der *101 besten Hotels Deutschlands* ist unabhängig. Der Träger, das Institute for Service- and Leadership Excellence und die mitwirkenden Partner, das Handelsblatt, die IUBH, die ahgz und die CKR Hospitality Consulting, sind keinerlei Interessen verpflichtet, die das Ranking beeinflussen könnten.

3. ZIELSETZUNG

Das Ranking der *101 besten Hotels Deutschlands* ordnet und kategorisiert die Hotellandschaft in Deutschland nach messbaren, relevanten und aussagekräftigen Kriterien. Im Zentrum des Interesses steht der Gast, der durch das Ranking Orientierungshilfen erhält. Gleichzeitig fördert und fordert das Ranking die hohen Qualitätsansprüche in der deutschen Top-Hotellerie.

4. TRANSPARENZ

Die Bewertungskriterien und Ergebnisse des Rankings werden transparent intern dokumentiert, die Ergebnisse veröffentlicht.

5. KEINE EINFLUSSNAHME DER HOTELS

Das Institute for Service- and Leadership Excellence garantiert, dass die Hoteliers oder andere, im Hotelmanagement aktiven Personen, keinen Einfluss auf das Ranking genommen haben. Integrität ist das oberste Gebot.

6. DIALOG

Feedback ist jederzeit erwünscht. Anfragen werden umgehend beantwortet. Sie können Ihr Feedback gern an board@i-sle.ch senden.

7. INPUT

Konstruktiver Input, der das Ranking auch in Zukunft verbessert, ist jederzeit erwünscht und wird in die kommenden Rankings mit einbezogen.

8. EINGETRAGENE MARKE

Die 101 besten Hotels Deutschlands ist eine eigenständige, eingetragene Marke und bürgt für eine faire Bewertung der aufgelisteten Hotels.

9. VERÖFFENTLICHUNG DER RANKING-ERGEBNISSE

Die Ergebnisse werden in dieser Printpublikation sowie auf der Website *die-101-besten-hotels-deutschlands.de* veröffentlicht und jährlich aktualisiert.

10. AKTUALITÄT

Die Ranking-Experten verfügen über jahrzehntelange Hotel-Erfahrungen als Berufsreisende und auch im Management. Das aufgestellte Ranking-System wird jährlich überprüft und den Anforderungen angepasst.

DIE 3 BESTEN HOTELS DEUTSCHLANDS SCHNEIDEN IN ALLEN KATEGORIEN STETS HERAUSRAGEND AB.

Die Mitarbeiter erkennen die Wünsche des Gastes intuitiv und gestalten seinen Aufenthalt in allen Belangen exzellent! Der Gast wird schon vorab auf angenehmste Art auf das vor ihm liegende Erlebnis eingestimmt. Im Hotel agieren die Mitarbeiter mit emotionaler Intelligenz auf Augenhöhe. Das kulinarische Angebot in den Restaurants überrascht den Gast mit Spezialitäten von herausragender Qualität und fügt sich nahtlos in das facettenreiche Gesamtkonzept des Hauses ein. In diesem Hotel, das als Benchmark gelten kann, findet der Gast die Erfüllung seiner Wünsche, noch bevor er sie geäußert hat.

TOP 3

DIE 101 BESTEN HOTELS DEUTSCHLANDS®

2020/21

© Guido Leifhelm

HOTEL VIER ★★★★★ JAHRESZEITEN HAMBURG

295,00 € bis 15.000,00 € Hotel Vier Jahreszeiten · Neuer Jungfernstieg 9-14 · 20354 Hamburg

T +49 40 3494 0 *W* hvj.de

© Christian Schoppe

Gastgeber:
Ingo C. Peters
seit 1997

AUSSTATTUNG UND FOKUS

Anzahl Zimmer & Suiten: 126 Zimmer, 30 Suiten

Fokus: Business/Family/Wellness/Ferien/Lifestyle

Kinderfreundlich: Ja

Hotelgruppe: Fairmont Hotels & Resorts

PHILOSOPHIE DES HAUSES

Service Exzellenz – unsere Mitarbeiter sind Herz und Seele des Hauses. Schon Hotelgründer Friedrich Haerlin sagte zu seiner Frau: »Es ist alles wie bei uns zuhause, wenn wir Gäste einladen (...) nichts anderes machen wir im Hotel – nur, dass alles ein bisschen größer ist.«

ALLEINSTELLUNGSMERKMALE

Hamburgs Grand Hotel mit 123-jähriger Historie in einzigartiger Lage an der Binnenalster im Herzen Hamburgs, kulinarische Vielfalt mit neun Restaurants und Bars, Service Exzellenz mit 300 Mitarbeitern und 156 Zimmern und Suiten, einzigartiges Ambiente aus Tradition und kosmopolitischen Ansätzen.

GASTRONOMIE

Anzahl der Restaurants: 9

- *Café Condi:* Frühstücksrestaurant · *Condi Lounge:* Bistro/Lounge · *Restaurant Haerlin:* 2 Michelin-Sterne, 19 Gault&Millau Punkte, 4 1/2 Feinschmecker-Fs. Gourmetrestaurant · *Jahreszeiten Grill:* Hanseatische Klassiker · *NIKKEI NINE:* 15 Gault&Millau Punkte. Japanisch-Peruanisch · *Wohnhalle:* Afternoon Tea · *Jahreszeiten Terrasse:* An der Binnenalster · *Dachterrasse* · *Jahreszeiten Bar*

WELLNESS

Größe des SPA: 1.000 m²

Ausstattung und Besonderheiten SPA: Ruheraum mit Echtholz-Kamin, exklusive Dachterrasse, Saunen, Fitnessbereich, Massagen, Kosmetik, Personal Trainer, Physiotherapie.

VERANSTALTUNGSRÄUME

Anzahl und Größe: 8 (bis 400 Personen)

Veranstaltungstechnik: Beamer/Flatscreen, integrierte Soundanlage, individuelles Lichtkonzept, bespielbare LED-Wände im Spiegelsaal.

Spezielle Tagungs-Services: Kulinarische Erlebniswelt hinter den Kulissen mit ausgefallenen Eventlocations (Gourmetküche, Pâtisserie, Schlachterei), Catering, Outdoor-Eventlocations: Jahreszeiten Terrasse und Dachterrasse.

FREIZEITANGEBOT

Nähe zu kulturellen und architektonischen Sehenswürdigkeiten (Rathaus, Michel, Hamburger Staatsoper etc.), Alstersegeln, Bootsfahrten, Hafenrundfahrt, Rundflüge über Hamburg.

HOTEL VIER JAHRESZEITEN HAMBURG

© Gerrit Meier

Ingo C. Peters

»WIR WOLLEN GANZ OBEN IN DER CHAMPIONS LEAGUE DER HOTELLERIE MITSPIELEN«

• • • • • Seit 23 Jahren leitet Ingo C. Peters das Grand Hotel an der Hamburger Binnenalster – das *Fairmont Hotel Vier Jahreszeiten*. Nachdem er in den Achtzigerjahren als Page in besagtem Haus anfing, sammelte er außereuropäische Erfahrungen in renommierten Luxushotels wie dem weltberühmten *Mandarin Oriental* in Thailand und dem *The Ritz-Carlton Laguna Niguel* in Kalifornien. 1997 setzte er seine Hotellaufbahn im *Hotel Vier Jahreszeiten* in Hamburg fort und entwickelte es zu dem, was es heute ist: das beste Hotel Deutschlands. Im Interview mit Carsten K. Rath verrät er sein Erfolgsrezept.

Es freut mich besonders, mit dir über das Thema Ranglisten zu sprechen, denn du stehst mit deinem Haus auf Platz eins der* 101 besten Hotels Deutschlands *und gleichzeitig ist es »bestes Grand Hotel Deutschlands«. Wie wichtig sind Rankings für dich?

Vielen Dank, das ist eine große Ehre für uns! Für mich persönlich ist ein Ranking extrem wichtig. Fast alle westlichen Länder der Welt haben Hotel-Ranglisten. Wir hatten in Deutschland noch nie eine Bewertung, zumindest nicht mit dieser Professionalität. Ein Ranking ist natürlich auch besonders wichtig für unsere Gäste. Sie möchten wissen, wie das Hotel aufgestellt ist, in welchem sie übernachten. In das Ranking der *101 besten Hotels Deutschlands* sind sehr viele Kriterien eingeflossen, auch wenn es natürlich eine gewisse subjektive Bewertung bleibt.

Woher nimmst du die Motivation und die Kraft, Nummer Eins zu sein? Du begrüßt auch sonntags Gäste persönlich, abends sieht man dich im Restaurant von Tisch zu Tisch gehen …

Service Exzellenz ist unser Ziel. Wenn man so ein starkes Ziel verfolgt und erreichen möchte, dann muss man einfach mit Kopf und Herz dabei sein. Hätte ich noch einmal die Wahl, würde ich alles wieder ganz genau so machen. Wenn ich morgens in unsere Empfangshalle komme, dann ist es das Schönste für mich, zufriedene Gäste und zufriedene Mitarbeiter zu sehen. In diesem Hotel arbeiten zu dürfen, ist ein Geschenk – und wir haben als Team Freude an der Arbeit, sind mit Leidenschaft dabei. Da bin ich gerne auch mal am Sonntag mit vor Ort.

Dein Grand Hotel verfügt über drei Hauptrestaurants, insgesamt über neun gastronomische Einrichtungen. Wie verträgt sich das?

Als das Hotel damals von Raffles gekauft wurde, sollte die Gastronomie deutlich verkleinert werden. Es war beispielsweise angedacht, unser *Restaurant Haerlin* zu einem Bankettraum umzufunktionieren. Ich habe damals alles auf eine Karte gesetzt und war der Meinung, dass wir sogar deutlich mehr Gastronomie anbieten sollten. Ich wollte unsere Restaurants ausbauen, damals hatten wir noch

© Guido Leifhelm

keine Michelin-Sterne. In der Zentrale in Singapur habe ich das neue Konzept vorgestellt und letzten Endes die Genehmigung bekommen. Ich wusste: wenn es nicht klappt, bin ich raus. Aber wenn ich nichts verändere, dann auch. Nur elf Monate nach der Präsentation eröffneten wir die Gastronomie im *Hotel Vier Jahreszeiten* mit neuem Konzept – und vollem Erfolg.

Man merkt, du brennst für dein Hotel, vermutlich ist das auch dein Geheimrezept. Was ist denn dein Unterscheidungsmerkmal in Krisenzeiten?

Wir haben schon einige Wirtschaftskrisen gemeistert. Die größte findet jetzt im Augenblick statt. Qualität ist der Schlüssel, in der Krise noch mehr als vor der Krise. Viele Hoteliers und Gastronomen gehen davon aus, dass die Gäste gewisse Einsparmaßnahmen nicht bemerken, doch

Ronnefeldt gratuliert den 101 besten Hotels Deutschlands
DUNG TI OOLONG
FINEST SHIZUOKA SENCHA
DARJEELING SUMMER
JASMINE PEARLS
MOONLIGHT DONGZHAI
KAKEGAWA BENIFUKI
WHITE YIN LONG
SHINCHA ASANOKA
COLOMBIA ESPECIAL & CACAO
NEW ZEALAND OOLONG
GOLDEN ASSAM
SUPERIOR GYOKURO
TEASTAR
Ronnefeldt
Ihr Partner für außergewöhnliche Tee-Erlebnisse

© Guido Leifhelm

das ist ein fataler Irrtum. Bei uns gibt es weiterhin kulinarische Willkommensgrüße, Hausschuhe und bequeme Bademäntel. Wir sparen auch nicht an der frischen Blumendekoration, wie du sehen kannst. Ich glaube, genau das ist ein wichtiges Unterscheidungsmerkmal in der Krise, zu welchem man natürlich auch in der Lage sein muss. Selbstverständlich bemerken auch die Mitarbeiter die Haltung des Managements und agieren entsprechend. Wenn wir uns darauf fokussieren, motiviert und zukunftsorientiert aus der Krise herauszukommen, dann werden wir auch gestärkt aus ihr hervorgehen. Das hat in den letzten Krisen funktioniert – und so wird es auch dieses Mal sein.

Wie führst du deine Mitarbeiter?

Ich lasse meinen Mitarbeitern viel Freiraum. Nur so kann sich Kreativität entwickeln. Ich lobe, wenn es angebracht ist, aber führe auch ernste Gespräche unter vier Augen. Ich sage immer, wo gehobelt wird, da fallen auch Späne. Wenn wir Fehler machen, dann lernen wir daraus und machen sie kein zweites Mal. Früher, als ich noch F&B-Direktor war, haben mich meine Vorgesetzten nicht viel entscheiden lassen. Das war für mich damals sehr demotivierend. Heute übertrage ich auch jüngeren Mitarbeitern Eigenverantwortung – so sind sie stolz auf ihre Arbeit, auf unser Hotel und mit großer Leidenschaft dabei.

Wie wichtig ist es für dich, nächstes Jahr wieder zu gewinnen und »bestes Hotel Deutschlands« zu sein?

Sehr wichtig! Ich denke, es ist schon sehr schwer, diese Platzierung bei den *101 besten Hotels Deutschlands* zu erreichen. An oberster Stelle zu bleiben, ist sicherlich noch schwieriger. Es gibt wenige Fußballvereine in Europa, die nach einem Sieg immer auf den ersten Plätzen mitspielen. Das ist eine Herausforderung, die ich mir selbst stelle. Wir wollen ganz oben in der Champions League der Hotellerie mitspielen, immer.

Danke für deine Zeit. Großartig! Herzlichen Glückwunsch zu diesem grandiosen Erfolg.

© Schloss Elmau

SCHLOSS ELMAU ★★★★★

250,00 € bis 2.500,00 € Schloss Elmau · 82493 Elmau

T +49 9923 18 0 *W* schloss-elmau.de

© Daniel Breidt

Gastgeber:
Dietmar Mueller-Elmau,
seit 1997

AUSSTATTUNG UND FOKUS

Anzahl Zimmer & Suiten: 100 Zimmer, 62 Suiten

Fokus: Wellness/Ferien/Lifestyle

Kinderfreundlich: Ja

Hotelgruppe: Leading Hotels of the World, Fine Hotels and Resorts American Express

PHILOSOPHIE DES HAUSES

Luxury SPA Retreat & Cultural Hideaway – eine Symbiose von zeitloser SPA-Kultur mit Hochkultur in anspruchsvoller Architektur inmitten unberührter Natur.

ALLEINSTELLUNGSMERKMALE

Schloss Elmau bietet seinen Gästen nicht nur ein international herausragendes Wellnessangebot für Erwachsene ebenso wie für Familien, sondern auch ein weltweit einzigartiges Kulturprogramm mit den großen Künstlern unserer Zeit.

GASTRONOMIE

Anzahl der Restaurants: 7

- *Luce d'Oro:* 2 Michelin-Sterne, 18 Gault&Millau Punkte, 9,5 Gusto-Pfannen. French-Japanese.
- *La Salle:* International Cuisine à la carte und Buffets.
- *Fidelio:* Asian Yoi-Kitchin und Sushi.
- *Summit:* Nuova Cucina Italiana.
- *Kaminstube:* Fondue Chinoise.
- *Elmauer Alm:* Bavarian Mountain Restaurant.
- *Ananda SPA Restaurant*

WELLNESS

Größe des SPA: 7.500 m^2 + 15 ha Nature SPA

Ausstattung und Besonderheiten SPA: 6 getrennte SPAs und Pools für Erwachsene und Familien, Oriental Hamam, Onsen Pool, 25 Behandlungsräume, TCM Medical SPA, Yoga Center.

VERANSTALTUNGSRÄUME

Anzahl und Größe: 8 (bis 300 Personen)

Veranstaltungstechnik: Digital Boardrooms, Digital Meeting- und Video Conferences, Interactive Screens, 5 Steinway B und D Flügel, Konzerttechnik.

Spezielle Tagungs-Services: Individuelle Tagungen, Meetings, Incentives, Hochzeiten, Geburtstage, ausgestattet für Konzerte und CD-Aufnahmen auf höchstem Niveau.

FREIZEITANGEBOT

Kulturprogramm mit 200 Konzerten, Yoga Retreats, Sport- und Fitnessprogramm, Ski-Bike Station, Edutainment und Soccer Camps für Kinder, geführte Berg- und E-Mountainbike-Touren.

SCHLOSS ELMAU

© Thomas Straub

Dietmar Mueller-Elmau

»WIR KÖNNEN UNS NICHT EINMAL SELBST KOPIEREN«

Dietmar Mueller-Elmau lebt und arbeitet an dem Ort, an dem er geboren und aufgewachsen ist: *Schloss Elmau*. Der Hotelier, der eigentlich gar keiner sein will, liebt Kunst und Musik. Er hat mit dem Wiederaufbau des Schlosses sein ganz eigenes Ideal von Freiheit in Form des Grand Resorts inszeniert. Im Interview mit Carsten K. Rath gibt er Einblicke in seine Philosophie.

Sie haben Hotelmanagement und Computer Science studiert, sind Betriebswirt und vor allem Philosoph. Wie passt das zusammen?

Ich habe einen Abschluss in Hotelmanagement gemacht, obwohl ich das eigentlich vermeiden wollte. Das ist der Vorteil von einem Degree in Amerika, hier hat der Student zeitliche und inhaltliche Freiheiten. Ich habe das Studium auf ein halbes Jahr verkürzt, ein halbes Jahr im *Sonnenalp Resort* gearbeitet und mir die restliche Zeit über meine Computerkenntnisse angeeignet.

Die Frage, die die meisten Philosophen umtreibt, ist: »Wer bin ich genau?« Wer sind denn Sie?

Ich bin der, der ich bin. Aber ehrlich gesagt weiß ich es nicht. Es ist unmöglich, sich selbst zu kennen, ich habe so viele Interessen und Identitäten. Ich interessierte mich immer stark dafür, was ich um mich herum sehe. Eines ist sicher: Ich bin ein Widerspruch. König Ludwig ist für mich ein Gi-

© Schloss Elmau

gant der Philosophie in der Kunst des Widerspruchs. Er hat es verstanden: Ich bin, der ich bin, ohne zu definieren, was das ist. Denn wenn ich mich definiere, bin ich schon wieder nicht mehr. Widerspruch bedingt auch die Fähigkeit, andere Sachen zuzulassen. So entsteht Freiheit.

Woher kommt dieser scheinbare Widerspruch: Sie studierten Computer Science und setzen sich gleichzeitig mit sich selbst im philosophischen Bereich auseinander?

Meine Auseinandersetzung mit mir selbst war im Wesentlichen über die Meditation geprägt, nicht über den intellektuellen Zugang. In der Meditation geht es darum, Stille zu erleben. Als Kind habe ich ein faszinierendes Buch in die Hand bekommen, »Der Atem Indiens«. Der Autor hat dieses Buch 1954 in Elmau geschrieben, in dem Jahr, in dem ich geboren wurde. Ein wunderbarer Zufall, das Buch hat mich sehr fasziniert.

Sie haben selbst ein Buch geschrieben, mit dem schüchternen Untertitel* Eine deutsche Geschichte. *Ihr Großvater, Theologe und Philosoph, hat* Elmau *gegründet und sich schon damals sehr stark auf die Kultur besonnen. Als das Haus dann abgebrannt ist, haben Sie es neu aufgebaut. Ist* Elmau *ein politisches Projekt?

Es ist ein politisches Projekt für mich, ein persönlicher Ausdruck meiner Freiheit. Für meinen Großvater war der Urlaub die Freiheit vom »Ich«. Denke nicht an dich und du wirst eins mit der Natur. Ich wollte schon immer meine eigene Freiheit leben. Der Ansatz meines Großvaters verkörperte für mich einen Zwang. Für mich bedeutet Freiheit, immer eine Wahl zu haben. Ich will denken und machen, was ich will. Insofern war ich immer ein Rebell gegen diese Art von Urlaub. Musik und die Liebe zur Musik sind für mich ein künstlerischer Ausdruck von Freiheit, die jeder anders erleben darf. Ein Leben ohne Musik und Literatur ist für mich undenkbar. Wenn die Seele etwas schön findet, dann möchtest du es besingen oder beschreiben.

DIE 101 BESTEN HOTELS DEUTSCHLANDS®

2020/21

Herren und Damen Luxus Piqué Stretch Polo, 125 g/m², 95 % doppelt gekämmte, ringgesponnene Baumwolle, 5 % Elasthan, leicht taillierter Schnitt, Strickkragen, verstärkte 3er Knopfleiste, Schulter- und Nackenband, Rippbündchen am Arm, Seitenschlitze, Logostick

Leichte Daunenjacke, wind- und wasserabweisendes Material, kontrastfarbige Einsätze und Innenfutter, mit Kapuze, verstaubar in separatem Packbeutel, Damen- und Herremodell in verschiedenen Farbkombinationen

Drahtloser Bluetooth®-Lautsprecher mit Ladefunktion und Wecker. Ausgangsleistung von 2 x 3 Watt, 4000-mAh-Akku, Bluetooth-Reichweite 10 Meter

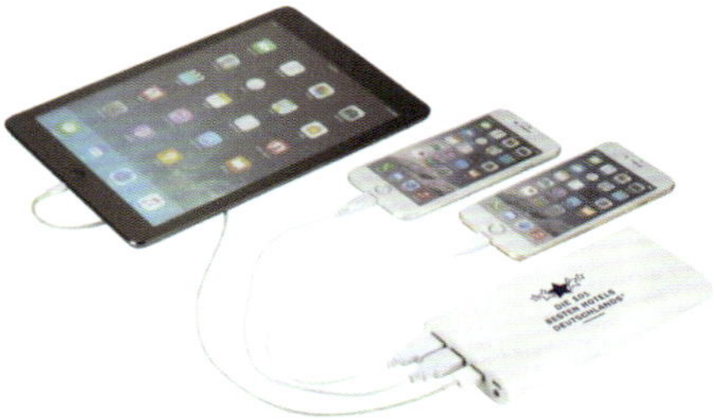

Powerbank mit 3 USB-Anschlüssen. Lithium-Ionen Akku der Klasse A 20.000 mAh inkl. Taschenlampe, inkl. Micro-USB Ladekabel, Farbe weiß, 16,2 x 8 x 2,3 cm

DIESE UND WEITERE PRODUKTE FINDEN SIE UNTER:
DIE-101-BESTEN-HOTELS-DEUTSCHLANDS.DE/SHOP

Gestatten Sie mir einen kurzen Rückblick auf Ihre Beziehung zum Judentum, zu dem Sie eine hohe Affinität haben. Warum ist diese Kultur für Sie so wichtig?

Ich bin mit jüdischen Freunden groß geworden. Aber ich glaube, meine Affinität hängt mit meiner Mutter zusammen. Meine Mutter wurde calvinistisch erzogen und im Calvinismus gilt ein anderer Begriff der Freiheit als im Protestantismus: Es kommt auf die Leistung an, der Mensch hat eine, auch soziale, Verantwortung. Ich bin immer wieder Leuten begegnet, die zufälligerweise Juden waren, für diese Menschen ist Freiheit das Wichtigste. Die Meinungsfreiheit ist dort natürlich ein ganz anderes Gut als bei uns, und das Allerwichtigste: Ich kann Gott widersprechen.

In Ihrem Haus haben sich schon viele Politiker getroffen, zum Beispiel im Rahmen des G7 Gipfels. Welche politische Dimension hat **Elmau** ***wirklich, und wie wirkt sich das auf den Hotelbetrieb aus?***

Für mich ging es an diesem Ort um eine Transformation der Geschichte. Für meinen Großvater waren Freiheit und Individualismus der Feind. Er war der Meinung, dass Dinge, die sich nicht von selbst entwickeln, keinen Wert besitzen. Dieses antiwestliche Ressentiment politisierte er. Ein Politiker muss ständig Entscheidungen treffen, abwägen, einordnen und Kompromisse finden. Genauso verhält es sich in einem Hotelbetrieb. Mit Kompromissbereitschaft bedienen wir unsere Gäste. *Elmau* hat das Glück, dass wir sehr viele Kinder beherbergen. Unser Haus ist ein vier-Generationen-Ort. Kinder durchbrechen Hierarchien, für sie zählen Statussymole nicht. Wir sind auch in unserem Führungsstil sehr egalitär. Wir leben Gleichberechtigung auf Augenhöhe mit unseren Gästen und Mitarbeitern. Uns besuchen Gäste, die ganz normale Berufe haben. Die sparen das ganze Jahr, um hier Yogakurse zu belegen. Wir präsentieren ein sehr heterogenes Angebot an Zimmern und ziehen entsprechendes Publikum an. Dadurch, dass hier niemand wirklich reinpasst, passen wiederum alle sehr gut hier rein.

Neben Politikern zählen auch renommierte Künstler zu Ihren Gästen. Warum fühlen sich Künstler so wohl im Schloss Elmau?

Wir haben sehr viel Platz im Hotel und auch außerhalb des Schlosses. Das ist der wohl größte Luxus und extrem wichtig für die Freiheit. Man muss genug Platz haben, um sich aus dem Weg gehen zu können. Als Künstler brauchst du keine geschlossene Gemeinschaft, sondern Weite, Geborgenheit und Freiheit. Der Kontrast zwischen den unverrückbaren Bergen und dem fließenden Bach – zwischen Ruhe und Bewegung wirkt inspirierend. Außerdem ist Tradition für Künstler wichtig, Musiker schätzen die außergewöhnliche Akustik in unserem Saal, *Schloss Elmau* blickt auf eine sehr lange Musikgeschichte hier im Haus zurück. Dieses Renomme kann man nicht nachahmen. Wir können uns nicht einmal selbst kopieren.

Sie haben die Software Fidelio und Opera entwickelt, die heute Weltmarktführer in der Hotelbranche ist. Erzählen Sie uns kurz die Story dahinter.

Alles startete mit dem *Hotel Traube Tonbach*, das mir den Auftrag für die Entwicklung einer Gästekartei gab. Ich entwickelte damals Software für Industrieunternehmen und Musikagenturen und wollte eigentlich nichts mit Hotels zu tun haben, da sie ständig ihre Anforderungen ändern. Ich fand jedoch eine Lösung, wie die Hotels selbst die Datenbank, die Eingabemasken und Reports ändern konnten. Heiner Finkbeiner war von meiner Idee der User Defineable Software so begeistert, dass er den Vorsitzenden der IT-Kommission des Schweizer Hotelier-Verbandes informierte. Nach einer Präsentation auf dessen Jahresversammlung wurde ich beauftragt, innerhalb von vier Monaten eine komplette Software zu entwickeln und im *Hotel Eden au Lac* zu installieren. Ende 1995 verkaufte ich das Unternehmen für 55 Millionen D-Mark komplett an die US-Firma Micros. Der Rest ist Geschichte.

HOTEL ADLON KEMPINSKI ★★★★★

290,00 € bis 26.000,00 € Hotel Adlon Kempinski Berlin · Unter den Linden 77 · 10117 Berlin

T +49 30 2261 0 *W* kempinski.com/adlon

© Kempinski Hotels

Gastgeber:
Michael Sorgenfrey,
seit Februar 2020

AUSSTATTUNG UND FOKUS

Anzahl Zimmer & Suiten: 307 Zimmer, 78 Suiten

Fokus: Business/Wellness/Lifestyle

Kinderfreundlich: Ja

Hotelgruppe: Kempinski Hotels

PHILOSOPHIE DES HAUSES

Damals wie heute ist der Leitspruch des legendären Hotelgründers Lorenz Adlon Ansporn und Versprechen zugleich: »Adlon oblige!« Wir sind leidenschaftliche Gastgeber und fühlen uns verpflichtet, unseren anspruchsvollen Gästen immer das gewisse Etwas mehr zu bieten, als sie erwarten.

ALLEINSTELLUNGSMERKMALE

Das *Hotel Adlon Kempinski* steht für Mythos und Moderne gleichermaßen. Wie bereits sein berühmter Vorgänger setzt auch das heutige *Adlon* mit seiner einzigartigen Lage, der legendären Geschichte und den hohen *Kempinski*-Standards internationale Maßstäbe in der traditionsreichen Grand Hotellerie.

GASTRONOMIE

Anzahl der Restaurants: 3 (+2 Bars)

- *Restaurant Quarré:* Casual, lokale Spezialitäten, nationale und internationale Klassiker.
- *Lorenz Adlon Esszimmer:* 2 Michelin-Sterne. Fine Dining, moderne und kosmopolitische Kreationen.
- *Sra Bua:* Moderne panasiatische Küche, Casual Dining.

WELLNESS

Größe des SPA: 1.600 m^2

Ausstattung und Besonderheiten SPA: Fitness Center, Pool, Saunen, Schönheitsbehandlungen, Massagen, Körper- und Gesichtsbehandlungen, Private SPA-Suite-Erlebnisse.

VERANSTALTUNGSRÄUME

Anzahl und Größe: 15 (bis 500 Personen)

Veranstaltungstechnik: Standardtechnik, Erfüllung aller technischen Anforderungen durch Technikpartner KFP.

Spezielle Tagungs-Services: Bälle, Meetings, Incentives, Konferenzen, Hochzeiten (inklusive Hochzeitsplaner, Bachelorette-Party, Dekoration und Make-up, Torte, Shuttle-Service), andere private Veranstaltungen.

FREIZEITANGEBOT

Business-Center, Stadtrundfahrt, Limousinen-Service, Ladenpassage.

HOTEL ADLON KEMPINSKI

»LUXUS MUSS DANN PASSIEREN, WENN DER GAST DEN WUNSCH DANACH VERSPÜRT«

• • • • • • Martin Smura, seit Juli 2019 CEO der *Kempinski* Hotelgruppe, sammelte seine langjährige Grand Hotel Expertise in internationalen Spitzenhotels auf fünf Kontinenten. Zuletzt war er als Vorsitzender des Aufsichtsrats der *Dorint-Hotelgruppe* tätig. Im Interview mit Carsten K. Rath spricht er über Veränderungen in der Hotellerie und seine Pläne für *Kempinski*.

Du leitest die älteste und eine der luxuriösesten Hotelgruppen Europas. Was ist aus deiner Sicht Luxus?

Luxus bedeutet für jeden etwas anderes, und genau das ist die Herausforderung für uns in der Hotellerie. Wir haben die Aufgabe, auf die individuellen Wünsche der Gäste einzugehen. Wichtig ist, dass wir jedem das bieten, was er persönlich unter Luxus versteht. Luxus ist sehr individuell. Heutzutage suchen unsere Gäste Ruhe, ein angenehmes, großzügiges Ambiente und vor allem herzlichen Service. Luxus muss dann passieren, wenn der Gast den Wunsch danach verspürt. Timing ist hierfür der Schlüssel.

Warum bedingen Luxus und Nachhaltigkeit mittlerweile einander? Du rückst diese Strategie in deinen Hotels sehr stark in den Fokus.

Das Durchschnittsalter unserer Gäste beträgt 42 Jahre. Gerade für die jüngeren Gäste ist Nachhaltigkeit ein wichtiges Buchungskriterium. Ich bin davon überzeugt, dass sich unsere Generation dieser wichtigen Aufgabe annehmen sollte und Nachhaltigkeit selbstverständlich in die Abläufe der Hotellerie gehört. Ökologie und Ökonomie vertragen sich sogar sehr gut, das sehen wir mit unserem Programm »Green make cents«, in dem wir die Kosten für Müllentsorgung und Energieversorgung senken und wirtschaftlich günstige Alternativen in vielen verschiedenen Bereichen suchen.

Was ist euer nächstes Ziel, auch vor dem Hintergrund der Corona-Krise? Verfolgt ihr weiterhin eure Wachstumspläne?

Wir halten weiterhin an unserer Wachstumsstrategie fest. Bis 2021/22 wollen wir 100 Hotels in Betrieb nehmen. Es kann sich krisenbedingt zeitlich etwas verzögern, unser Vorhaben setzen wir aber konsequent um. Ich blicke sehr optimistisch in die Zukunft. Unser Wunsch, mit Resort Hotels zu expandieren, ist gerade jetzt noch relevanter. Wir sind sehr international aufgestellt, Deutschland bleibt aber ein interessanter Markt für uns. Einige Expansionspläne sind sehr konkret. Baden-Baden ist zum Beispiel eine interessante Destination, in der ich gern ein *Kempinski Hotel* sehen würde. Mehr kann ich aber an dieser Stelle noch nicht verraten.

© Axel Griesch for Kempinski

Martin Smura

Wir kennen uns seit über dreißig Jahren und haben viele Veränderungen in der Hotellerie miterlebt. Wie unterscheiden sich die Hoteliers der neuen Generation von uns damals?

Unsere Gesellschaft verändert sich, unter anderem auch durch die Digitalisierung. Unabhängig von den Hoteliers glaube ich, dass die jüngere Generation stärker familienorientiert ist. Themen wie Homeoffice rücken in den Vordergrund, im Vergleich zu unseren doch eher starren Rahmenbedingungen damals. Was ich aber auch sehe: Die Qualität der Ausbildung wird immer besser, es rücken großartige Talente nach.

Wie wichtig ist die Rangliste der 101 besten Hotels Deutschlands *für dich?* Kempinski *ist mit zahlreichen Häusern vertreten.*

Sehr wichtig, denn nur, was man messen kann, lässt sich auch verbessern. Wir streben mit unserem gesunden Ehrgeiz einen Platz unter den Top-Rängen an. Wenn man von den besten Hotels Deutschlands spricht, liegen die meisten Häuser sehr eng beieinander. Wir freuen uns sehr, dass wir mit zahlreichen Hotels vertreten sind. Gleichzeitig ist es ein Ansporn für uns, im nächsten Jahr die Platzierungen noch weiter zu verbessern. Auch unsere Mitarbeiter macht es stolz, in einem Haus zu arbeiten, welches zu den Spitzenadressen Deutschlands zählt.

Wir küren Die 101 besten Hotels Deutschlands *im* Hotel Adlon Kempinski. *Warum war es dir so wichtig, dass die Sieger-Soiree in deinem Haus stattfindet?*

Die erste Veranstaltung mit dieser Bedeutung sollte in der Hauptstadt stattfinden, das *Adlon* ist hierfür einfach prädestiniert. Unsere Zimmer haben schon einige gekrönte Häupter begrüßt. Jetzt ist es uns eine Ehre, die General Manager der Spitzenhotels Deutschlands in Empfang zu nehmen und ein tolles, gemeinsames Event zu zelebrieren. Das ist eine ganz besondere Herzensangelegenheit für uns.

DIE 10 BESTEN HOTELS DEUTSCHLANDS SCHNEIDEN IN ALLEN KATEGORIEN ÜBERWIEGEND HERAUSRAGEND AB.

Die Mitarbeiter begeistern ihre Gäste mit einer authentischen, herzlichen Gastfreundschaft und erfüllen die individuellen Wünsche ihrer Kunden mit Hingabe. Das Haus bietet im Interieur luxuriösen Komfort, die ausgeprägte Liebe zum Detail ist in jedem Winkel spürbar und macht das Konzept des Hauses außergewöhnlich. Mit ihrem Gesamtkonzept legen die 10 besten Hotels einen wichtigen Meilenstein für die Zukunft der Hotellerie in Deutschland.

DIE 101 BESTEN HOTELS DEUTSCHLANDS®

2020/21

© Axel Steinbach

SEVERIN'S RESORT & SPA SYLT

360,00 € bis 2.950,00 € Severin's Resort & SPA · Am Tipkenhoog 18 · 25980 Sylt

T +49 4651 460 66 555 *W* severins-sylt.de

© Axel Steinbach

Gastgeber:
Christian Siegling,
seit Juni 2015

AUSSTATTUNG UND FOKUS

Anzahl Zimmer & Suiten: 34 Zimmer, 60 Suiten

Fokus: Family/Wellness/Ferien/Lifestyle

Kinderfreundlich: Ja

Hotelgruppe: Selektion Deutscher Luxushotels

PHILOSOPHIE DES HAUSES

Ankommen und Durchatmen – Das *Severin's* steht für Exklusivität und lässigen Luxus, natürliche Herzlichkeit und Liebe zum Detail sowie authentische Architektur. Das *Severin's Resort & SPA* verbindet auf einzigartige Weise friesischen Baustil mit moderner Behaglichkeit.

ALLEINSTELLUNGSMERKMALE

Das großzügige, familienfreundliche Resort bietet authentisches Sylt-Feeling in behaglichen Zimmern, Apartments und Villen mit Hotelanschluss. Durch die gastronomische Vielfalt und den weitläufigen Wellnessbereich ganzjährig attraktiv. Hunde sind natürlich willkommen.

GASTRONOMIE

Anzahl der Restaurants: 2

- *Tipken's:* Im Abendrestaurant bietet das von Normen Eller eingeführte Shared-Dining-Konzept mit internationalen Gerichten ein vielseitiges Geschmackserlebnis im Family Style in legerer Atmosphäre.
- *Hoog:* Im ganztägigen Restaurant überzeugen die besten Produkte der Region.

WELLNESS

Größe des SPA: 2.000 m²

Ausstattung und Besonderheiten SPA: Individuelle Aufmerksamkeit – anhand der Naturkräfte wird die Behandlung auf die Bedürfnisse individuell ausgerichtet.

VERANSTALTUNGSRÄUME

Anzahl und Größe: 3 (bis 184 Personen)

Spezielle Tagungs-Services: Wedding Planner, persönliche Eventplanung.

FREIZEITANGEBOT

Täglich wechselndes kostenfreies Kursprogramm, Fahrrad- und E-Bike-Verleih, Golfen, Wattwanderungen, Reiten, Wassersport.

© George Apostolidis

MANDARIN ORIENTAL MUNICH ★★★★★

600,00 € bis 20.000,00 € Mandarin Oriental Munich · Neuturmstraße 1 · 80331 München

T +49 89 290 980 *W* mandarinoriental.com/munich

© George Apostolidis

Gastgeber:
Dominik G. Reiner,
seit März 2018

AUSSTATTUNG UND FOKUS

Anzahl Zimmer & Suiten: 48 Zimmer, 25 Suiten

Fokus: Business/Family/Ferien/Lifestyle

Kinderfreundlich: Ja

Hotelgruppe: Mandarin Oriental Hotel Group/Selektion Deutscher Luxushotels

PHILOSOPHIE DES HAUSES

Als eines der luxuriösesten und kosmopolitischsten Hotels in Deutschland schaffen wir unvergessliche Erlebnisse durch individuell abgestimmten Service, welcher asiatische und bayerische Kultur vereint, und engagieren uns aktiv für Umwelt und Menschen unserer Region.

ALLEINSTELLUNGSMERKMALE

Unsere renovierten Zimmer und Suiten sowie das eigens für das Hotel entwickelte Kunstkonzept thematisieren »München als Tor zu den Alpen«. Die neue Ausstattung bietet modernste Technologien und ermöglicht den kompletten Verzicht auf Einwegplastik in Zimmern und Badezimmern.

GASTRONOMIE

Anzahl der Restaurants: 4

- *Matsuhisa Munich:* Nobu's Restaurant in Deutschland mit japanisch-peruanischer Küche.
- *The Lounge:* Afternoon Tea mit Köstlichkeiten aus dem hoteleigenen Cake Shop.
- *The Terrace:* Spektakulärer 360°-Blick bis zu den Alpen.
- *Ory Bar:* Kreative Drinks in anspruchsvoller Umgebung.

VERANSTALTUNGSRÄUME

Anzahl und Größe: 3 (bis 75 Personen)

Spezielle Tagungs-Services: Das Konzept der Mindful Meetings verbindet Aspekte der Achtsamkeit sowie des Digital Detox mit den Anforderungen eines produktiven Geschäftstreffens.

FREIZEITANGEBOT

Maßgeschneiderte Ausflüge zu den Seen und in die Alpen, exklusiver Zugang zu kulturellen und Sport-Highlights, Private Shopping.

© Mark Seelen

PLATZ 6

CAPELLA BREIDENBACHER HOF

335,00 € bis 14.000,00 € Capella Breidenbacher Hof · Königsallee 11 · 40212 Düsseldorf

T +49 211 160 900 *W* breidenbacherhofcapella.com

© Sebastian Drüen

Gastgeber:
Cyrus Heydarian,
seit April 2008

AUSSTATTUNG UND FOKUS

Anzahl Zimmer & Suiten: 85 Zimmer, 21 Suiten

Fokus: Business/Family/Wellness/Ferien/Lifestyle

Kinderfreundlich: Ja

Hotelgruppe: Capella Hotels & Resorts, Selektion Deutscher Luxushotels, Fair Job Hotels

PHILOSOPHIE DES HAUSES

Seit über 200 Jahren ist der *Breidenbacher Hof* in Düsseldorf der Inbegriff von Luxus, Gastlichkeit und Service Exzellenz. Gemäß der Philosophie von *Capella* bieten wir unseren Gästen den höchstmöglichen Service und stellen sie stets in den Mittelpunkt.

ALLEINSTELLUNGSMERKMALE

Gäste genießen ein Höchstmaß an persönlichem Service mit zahlreichen kostenfreien Annehmlichkeiten: freie An- und Abreisezeiten, Heiß- und Kaltgetränke im Refreshment Center der Zimmer, Nutzung des *Capella Living Rooms* mit Getränken und Snacks sowie den Persönlichen Assistenten.

GASTRONOMIE

Anzahl der Restaurants: 1 (+1 Bar)

- *The Duchy:* Das Team um Küchenchef Philipp Ferber und Restaurantleiter Samuel Schiebel serviert eine raffinierte Brasserie-Küche mit lokalem Bezug. Ganz gleich, ob ein entspanntes Dinner oder ein leichter Snack an der *Raw Bar* – das *The Duchy* lässt keine Wünsche offen.

WELLNESS

Größe des SPA: 360 m²

Ausstattung und Besonderheiten SPA: 24 h Fitness Center, Pool, 2 Finnische Saunen, Dampfbad, CitySPA Cocoons für Behandlungen.

VERANSTALTUNGSRÄUME

Anzahl und Größe: 4 (bis 60 Personen)

Veranstaltungstechnik: Standardtechnik, Erfüllung weiterer technischer Anforderungen durch Technikpartner KFP

Spezielle Tagungs-Services: Unser Catering Sales Team begleitet Sie von der maßgeschneiderten Planung über die persönliche Betreuung der Gäste bis hin zur Nachbesprechung Ihrer Veranstaltung.

FREIZEITANGEBOT

Capella Curates Erlebnisse, Fahrradverleih, Limousinen-Service, Business Center.

»WIR SIND EIN HAUS FÜR ALLE«

Cyrus Heydarian leitet als General Manager das Flaggschiff der Luxus-Hotelgruppe *Capella Hotels & Resorts*, den *Breidenbacher Hof* in Düsseldorf. Zuvor war er unter anderem in der Schweiz für die *Seiler Hotels* und in Managementfunktion für das *Boca Raton Resort & Club* tätig, bevor er nach Deutschland zurückkehrte und unter anderem für das Stuttgarter *Millenium Hotel*, das *Kempinski Hotel Falkenstein* und die *Villa Rotschild* in führenden Positionen tätig wurde. Im Gespräch mit Carsten K. Rath spricht er über den Wert der Freiheit und die persönliche Kommunikation mit seinen Gästen.

Man spürt Grandezza in jeder Pore. Wie hast du die Gratwanderung geschafft und aus einem luxuriösen Haus ein Hotel mit absolutem Wohlfühlfaktor kreiert?

Freiheit ist das Stichwort. Wir sind ein Haus für alle Menschen, die Qualität und Service erleben möchten – das ist uns ganz wichtig! Wir sind als Grand Hotel mit über 200-jähriger Geschichte dabei sehr nahbar. Entsprechend wählen wir auch unser Team aus. Unser Fokus liegt neben der Expertise der Mitarbeiter auf dem individuellen Talent und unbedingten Willen, Gäste glücklich zu stimmen. Wir offerieren die nötigen Freiheiten, damit unsere Mitarbeiter jeden Tag selbst entscheiden, Dinge kreieren und direkt an den Prozessen teilhaben können.

Prozesse untergraben häufig jegliche Kreativität. Du nutzt als einer der Wenigen die von mir gehassten Zimmernummern nicht für die Identifikation deiner Gäste. Wie stellst du dich auf den Gast ein?

Wir sind proaktiv und stellen uns auf jeden Gast individuell ein. Wir kommunizieren bereits vor Anreise mit dem Gast, erfahren seine Wünsche, so dass wir unter anderem seinen Namen vorab verinnerlichen können. Wir nutzen wunderbare Instrumente, um uns Namen zu merken und wissen auch, zu welcher Uhrzeit und wie der Gast anreist. Wir schenken unseren Gästen Aufmerksamkeit, denn jeder dürstet nach Beachtung. Kürzlich hatte ich selbst ein derart erfreuliches Kundenerlebnis. Eine Kassiererin hat sich die Mühe gemacht, mich persönlich anzusprechen, nachdem sie meinen Namen von der Kreditkarte abgelesen hat. Rate, wo ich seitdem immer einkaufen gehe …

Im Ranking* Die 101 besten Hotels Deutschlands *bist du mit deinem Haus ganz weit vorn. Für wen ist diese Auszeichnung wirklich wichtig?

Das Ranking ist als Richtlinie und auch als Orientierung natürlich für jeden Reisenden wichtig. Reisende schauen sich vorab an, welche Stadt sie entdecken. Sie suchen nach den richtigen Plätzen, nach einem Umfeld, das zu ihrem Geschmack passt. Rankings sind darüber hinaus auch für Mitarbeiter relevant, mit denen wir gemeinsam ebendiese Plätze erschaffen. Auch Hoteleigentümer finden es natürlich großartig, Teil eines Rankings zu sein, da dieses neben der Wertsteigerung der Immobilie auch immer den jeweiligen Eigentümern ein entsprechendes Image verschafft.

Cyrus Heydarian

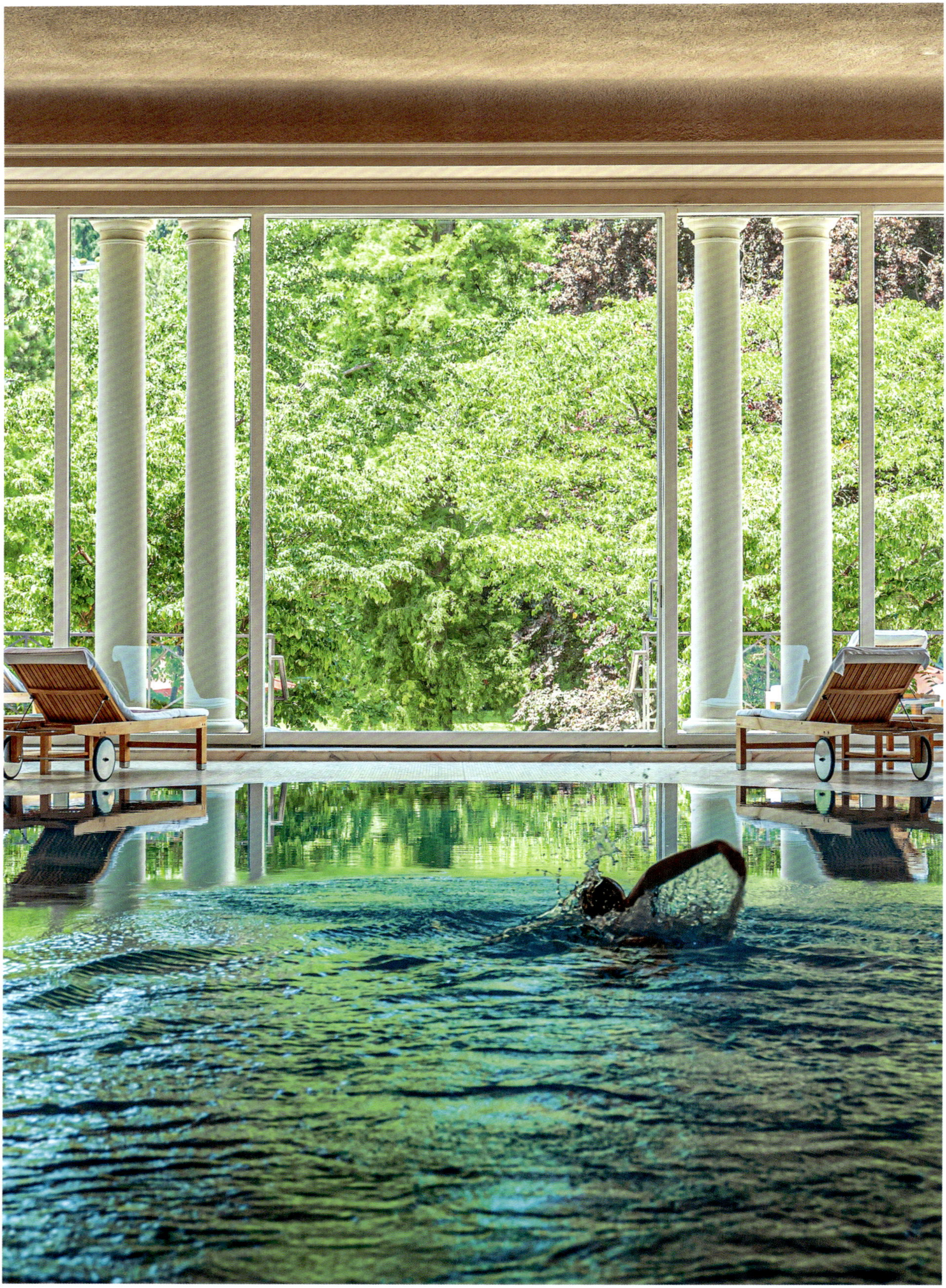

BRENNERS PARK-HOTEL & SPA ★★★★★

545,00 € bis 5.300,00 € Brenners Park-Hotel & SPA · Schillerstrasse 4/6 · 76530 Baden-Baden

T +49 7221 900 803 *W* brenners.com

© Brenners Park-Hotel & SPA

Gastgeber:
Henning Matthiesen,
seit Januar 2020

AUSSTATTUNG UND FOKUS

Anzahl Zimmer & Suiten: 103 Zimmer, 35 Suiten

Fokus: Lifestyle/Wellness/ Family

Kinderfreundlich: Ja

Hotelgruppe: Oetker Collection, Leading Hotels of the World, Selektion Deutscher Luxushotels

PHILOSOPHIE DES HAUSES

Das Stammhaus der *Oetker Collection* präsentiert sich als wunderschöne Stadt-Oase inmitten einer zauberhaften Parkanlage. Eleganz und Tradition in harmonischem Zusammenspiel mit innovativen Zukunftskonzepten sind das Markenzeichen des Grand Hotels an der Lichtentaler Allee.

ALLEINSTELLUNGSMERKMALE

Eines der herausragenden Merkmale ist die großzügige Weite der Hotelanlage, Ruhe und Privatsphäre sind wesentliche Elemente des *Brenners*-Erlebnisses. Der Privatpark unterstreicht die Magie des einzigartigen Ortes. Maßstäbe setzt das *House of Wellbeing Villa Stéphanie* und das *Brenners Medical Care.*

GASTRONOMIE

Anzahl der Restaurants: 3

- *Wintergarten:* Der lichtdurchflutete *Wintergarten* überzeugt mit einer klassischen Küche.
- *Fritz & Felix*: Wine Spectator Award. Setzt Akzente in der Gastronomieszene Baden-Badens.
- *Rive Gauche Brasserie:* Erweist inmitten der Lichtentaler Allee dem Nachbarn Frankreich Reverenz.

WELLNESS

Größe des SPA: 5.000 m²

Ausstattung und Besonderheiten SPA: Sauna, Pool und Plunge Pool, Private Gym, Behandlungsräume mit Parkblick, Detox und Weight Loss, medizinische Exzellenz im *Brenners Medical Care.*

VERANSTALTUNGSRÄUME

Anzahl und Größe: 8 (bis 249 Personen)

FREIZEITANGEBOT

High-End-Shopping, Bäder und Casino, Wandern, Biken, Paragliding, Ballooning, automobiles Vergnügen, internationale Kunst- und Festspielstadt.

BRENNERS PARK-HOTEL & SPA

© Hotel Bareiss

HOTEL BAREISS ★★★★★

315,00 € bis 810,00 € Hotel Bareiss · Hermine-Bareiss-Weg · 72270 Baiersbronn-Mitteltal

T +49 7442 47 0 *W* bareiss.com

© Hotel Bareiss

*Gastgeber*innen:*
Hermann Bareiss, seit 1966
Hannes Bareiss, seit 2009
Britta Bareiss, seit 2015
Hotelgründerin Hermine Bareiss, seit 1951

AUSSTATTUNG UND FOKUS

Anzahl Zimmer & Suiten: 89 Zimmer, 10 Suiten

Fokus: Family/Wellness/Ferien/Lifestyle

Kinderfreundlich: Ja

Hotelgruppe: Hotel: Relais & Châteaux

PHILOSOPHIE DES HAUSES

Das *Bareiss* ist ein Ferienhotel für die ganze Familie, geführt von einer Familie. Wir geben unser Bestes für jeden unserer Gäste. Unser *Bareiss* ist geprägt von gewachsenen Werten und Wurzeln – und dem Glauben an die Kraft bewusst ausgesprochener Worte: Wir sind gern für Sie da.

ALLEINSTELLUNGSMERKMALE

Der Facettenreichtum der Angebote im *Bareiss* ist einzigartig: Kulinarik von der Wanderhütte bis zum Drei-Sterne-Restaurant, einzigartige Pool- und Saunalandschaft, Beauty und SPA, 7-Tage-Ferien- und Kinderprogramm (9:00 – 23:00 Uhr), umfangreiches Sport-, Freizeit- und Kulturprogramm – zu Gast in der Familie.

GASTRONOMIE

Anzahl der Restaurants: 6

- *Restaurant Bareiss:* 3 Michelin-Sterne, 19 Gault&Millau Punkte, 5 Feinschmecker-Fs, 5 Hauben im großen Restaurant & Hotel Guide, 5 Schlemmer Atlas Kochlöffel, 5 Varta-Diamanten. Küche von Claus Peter Lumpp.
- *Restaurant Kaminstube:* Klassisch-europäische Küche.
- *Dorfstuben:* Regionale Spezialitäten.
- *Hotelgast-Restaurants:* Bareiss Halbpension.
- *Forellenhof Buhlbach:* Mit eigener Fischzucht.
- *Wanderhütte Sattelei:* Zünftige Einkehr.

WELLNESS

Größe des SPA: 6.000 m^2

Ausstattung und Besonderheiten SPA: 9 Indoor und Outdoor Pools mit Meer- und Süßwasser, Naturbadeteich, 5 Saunen inkl. 2 Damensaunen, Friseur, Beauty, SPA, Fitness.

VERANSTALTUNGSRÄUME

Anzahl und Größe: Morlokhof (bis 120 Personen)

Veranstaltungstechnik: Der *Morlokhof* ist ein original restaurierter Hof von 1789, ideal für Familienfeste und Firmenfeiern.

Spezielle Tagungs-Services: Individuelle Beratung in der Vorbereitung, Umsetzen der ganz persönlichen Vorstellungen der Gastgeber. Es gibt nichts von der Stange.

FREIZEITANGEBOT

Wandern, Mountain- und E-Bike, Golf, Tennis, Boccia, Jagen, Angeln, Kutschen- und Oldtimerfahrt, Langlauf, Rodeln, Ski, Streichelzoo.

© Kempinski Hotels

VIER JAHRESZEITEN KEMPINSKI ★★★★★

350,00 € bis 20.000,00 € Vier Jahreszeiten Kempinski · Maximilianstraße 17 · 80539 München

T +49 89 2125 2700 *W* kempinski.com/vierjahreszeiten

© Kempinski Hotels

Gastgeber:
Holger Schroth,
seit Januar 2018

AUSSTATTUNG UND FOKUS

Anzahl Zimmer & Suiten: 245 Zimmer, 60 Suiten

Fokus: Business/Family/Wellness/Ferien/Lifestyle

Kinderfreundlich: Ja

Hotelgruppe: Kempinski Hotels

PHILOSOPHIE DES HAUSES

Das Hotel *Vier Jahreszeiten Kempinski München* wurde 1858 auf Wunsch von König Maximilian II. auf der Maximilianstraße im Herzen Münchens erbaut. Es verbindet Münchner Herzlichkeit und dezenten Luxus und versprüht im gesamten Haus Royal Bavarian Flair.

ALLEINSTELLUNGSMERKMALE

Perfekte Lage auf Münchens bekannter Maximilianstraße, inmitten von Designer Boutiquen, viele bekannte Münchner Highlights sind fußläufig erreichbar. Royal Bavarian Flair im gesamten Haus erleben und Young Bavarian Cuisine auf Sterne-Niveau im Restaurant genießen. *Kempinski Cigar Lounge.*

GASTRONOMIE

Anzahl der Restaurants: 1 (+2 Bars)

- *Schwarzreiter Tagesbar:* Young Bavarian Cuisine.
- *Schwarzreiter Restaurant:* 1 Michelin-Stern, 15 Gault&Millaut Punkte, jüngste Sterneköchin Deutschlands, San Pellegrino Award. Young Bavarian Cuisine.
- *Jahreszeiten Bar & Lobby:* Lokale und internationale Küche. Schnörkellos oder detailverliebt, in jedem Fall leicht und frisch gekocht und immer eine Komponente Bayerns.

WELLNESS

Größe des SPA: 490 m²

Ausstattung und Besonderheiten SPA: Beheizter Indoor Pool, Dachterrasse, Sauna, Massagen und Anwendungen mit organischen Kräutern, Fitnessraum.

VERANSTALTUNGSRÄUME

Anzahl und Größe: 12 (bis 500 Personen)

Veranstaltungstechnik: State of the Art Veranstaltungs- und Videokonferenztechnik, Anschluss für DJ Pult.

Spezielle Tagungs-Services: Persönlicher Meeting-Concierge, »Die Küche München« als Eventküche nutzbar, Fahrzeugpräsentation (befahrbarer Ballsaal) und Fashion Shows.

FREIZEITANGEBOT

Sight Seeing, Seen und Berge in der Umgebung, Shopping auf Münchens Prachtboulevard Maximilianstraße.

VIER JAHRESZEITEN KEMPINSKI

Hotel
Vier Jahreszeiten
Kempinski

© Kempinski Hotels

KEMPINSKI HOTEL BERCHTESGADEN ★★★★★

330,00 € bis 8.000,00 € Kempinski Hotel Berchtesgaden · Hintereck 1 · 83471 Berchtesgaden

T +49 8652 9755 1000 *W* kempinski.com/berchtesgaden

© Kempinski Hotels

Gastgeber:
Werner Müller,
seit Mai 2015

AUSSTATTUNG UND FOKUS

Anzahl Zimmer & Suiten: 126 Zimmer, 12 Suiten

Fokus: Ferien/Wellness/Family/Business

Kinderfreundlich: Ja

Hotelgruppe: Kempinski Hotels

PHILOSOPHIE DES HAUSES

Mit seiner exklusiven Lage auf 1.000 m Höhe inmitten der Berchtesgadener Alpen ist das *Kempinski Hotel Berchtesgaden* ein Rückzugsort der besonderen Art. Gönnen Sie sich eine Auszeit vom Alltag mit einer Mischung aus Fünf-Sterne-Luxus und bayerischer Gemütlichkeit.

ALLEINSTELLUNGSMERKMALE

Neben dem großzügigen SPA mit einer Vielfalt an entspannenden Anwendungen und einem Indoor und Outdoor Pool locken sportliche Aktivitäten und Freizeitmöglichkeiten in atemberaubender Natur. Im *Gourmet Restaurant PUR* und *Restaurant Johann Grill* verwöhnen wir Sie kulinarisch.

GASTRONOMIE

Anzahl der Restaurants: 2 (+1 Bar)

- *Gourmet Restaurant PUR:* 16 Gault&Millaut Punkte. Klassische europäische Küche mit feinen regionalen Einflüssen.
- *Restaurant Johann Grill:* 14 Gault&Millau Punkte. Gehobene, regionale Küche.
- *Lobby Lounge & Kaminbar:* Lokale und internationale Küche.

WELLNESS

Größe des SPA: 1.400 m²

Ausstattung und Besonderheiten SPA: Indoor und Outdoor Pool, Saunalandschaft, Fitness Center, Massagen, Gesichts- und Körperbehandlungen.

VERANSTALTUNGSRÄUME

Anzahl und Größe: 6 (bis 200 Perosnen)

Veranstaltungstechnik: Smart Screens in Boardrooms, integrierte Bose Soundanlage mit Anschluss für DJ Pult im Ballsaal.

Spezielle Tagungs-Services: Persönliche Eventplaner, kombiniertes Tagungs- und Aktivitätenprogramm, Möglichkeit zur Fahrzeugpräsentation im Tagungsraum/-bereich.

FREIZEITANGEBOT

Wandern, Mountain- und E-Bike, Klettersteig, Golf, Alpin- und Langlaufski, Schneeschuhwandern, Rodeln.

KEMPINSKI HOTEL BERCHTESGADEN

© Kempinski Hotels

»GROSSARTIGE HOTELS BEFLÜGELN MICH«

• • • • • • Nico Hofmann, Regisseur und CEO des Filmunternehmens UFA, ist ein profunder Kenner der Hotellandschaft. Im Interview mit ahgz-Chefredakteur Rolf Westermann spricht er über seine fast schon spirituellen Erlebnisse beim Reisen und rundet mit seinen ganz persönlichen Einblicken das Buch *Die 101 besten Hotels Deutschlands* ab.

Nico Hofmann, Sie sind beruflich viel unterwegs und schlafen rund 200 Nächte im Jahr außer Haus. Ist das eine Last oder ein Vergnügen?

Offengestanden ein Vergnügen, das Hotel wird vielerorts zur zweiten Heimat und die Mitarbeiter zur Familie. Das erfordert allerdings Offenheit und Neugier auf beiden Seiten, und: es funktioniert nur in exzellenten Häusern.

Was bedeuten Hotels für Sie? Sind es nur Schlafstätten oder mehr?

Großartige Häuser beflügeln mich – durch Lage, Atmosphäre, Menschen … Es gibt in der Tat Hotelerlebnisse, die fast schon spirituell wirken: Der nächtliche Blick vom Pool- und SPA-Bereich des *Park Hyatt* über Tokio beispielsweise, das passt schon zum Filmtitel »Lost in Translation«. Das Hotelerlebnis versetzt einen in andere Zustände, manchmal kann es Glück, Geborgenheit und Leichtigkeit sein.

Sind Sie ein komplizierter Gast?

Ich bin ein grundsätzlich offener und positiver Gast, aber die Stimmung kann kippen, wenn wirkliche Mängel im Service oder bei den Zimmern vorliegen. Es gibt ein Grundverständnis in der gegenseitigen Erwartung, die Gast und Gastgeber aneinander stellen. Unter anderem drückt sich das im Zimmerpreis aus. Stimmen diese Erwartungen qualitativ überhaupt nicht überein, wird es auch bei mir problematisch.

Hotels sind auch Drehorte für Filme. Gibt es Klischees, wofür Hotels stehen?

Die weltweite Hotellerie hat sich in den letzten Jahren so verändert, dass es eigentlich keine Klischees mehr geben sollte. Oder man könnte sagen: Es gibt für jedwedes Klischee das passende Hotel. Die Hotellerie ist ihren Klischees entwachsen, sie setzt heute eigentlich selbst die Maßstäbe, diese Individualisierung ist ausgeprägter denn

© UFA

Nico Hofmann

je. Selbst die Ketten-Hotellerie spezifiziert sich immer mehr durch ihre Fragmentierung in immer neue Marken.

Würden Sie einem General Manager raten, sein Haus als Filmkulisse zur Verfügung zu stellen?

Nur, wenn das Hotel mit seiner ganz eigenen Geschichte, in seiner Individualität anerkannt wird und sich auch gleichermaßen präsentieren darf. Da gehört die genaue Lektüre des Drehbuchs dazu. Es gibt andererseits unzählige, wunderbare Hotelfilme, von »Some like it hot« bis »Lost in Translation«, die ohne das Hotel gar nicht denkbar wären.

Da Sie auch viel im Ausland reisen: Wie beurteilen Sie die Qualität der Hotels in Deutschland?

Deutschland hat für mich in den letzten Jahren stark aufgeholt, der Markt profitiert durch seine Internationalisierung in den Teams. Erfahrungen in Asien liegen immer wieder ganz an der Spitze meiner Erlebnisse, umso negativer sind viele Erfahrungen in den USA geworden, hier empfinde ich mittlerweile die größte Diskrepanz, leider vor allem in den Spitzenhäusern und auch in der Anwendung der Kundenbindungsprogramme.

ausal
Quality Perf hance Partners
„Qausal" ist Ihr Premium-Dienstleister mit einem umfassenden Angebot zur Umsatzförderung
sonalentwicklung und Qualitätssicherung für die Hotel- und Dienstleistungsbranche.
helfen Ihnen dabei, Prozesse und Services zu optimieren, indem wir direkt an den Ursachen
setzen. Damit erzielen wir nachhaltige Erfolge und mehr Umsätze für Sie.
Durch unsere Produktlinien „Outsource-Reservations" und „Outsource-Sales" helfen wir Ihnen
dabei, Umsätze zu sichern und dabei Ihre eigenen Ressourcen zu schonen.
Mit den Produktlinien „People-Development" und „Quality-Assurance" entwickeln wir Ihr Team
weiter und sichern die qualitativen Standards Ihres Unternehmens.
Mit unserem fundierten Know-how und unserer Erfahrung verhelfen wir Hotels sowie
verwandten Dienstleistern zum perfekten Service, zu steigenden Umsätzen und setzen
Standards für die Zukunft. Kommunikation, Kompetenz, Verbindlichkeit und Verlässlichkeit
stehen stets im Mittelpunkt unserer Arbeit.
Wir begeistern unsere Kunden durch unsere exzellente Branchenkenntnis, unser großes
Know-how, individuelle Lösungen und nachhaltige, messbare Erfolge.
Besonders stolz sind wir über die Auszeichnung mit dem Siegel „Top-Dienstleister 2020".
TOP DIENSTLEISTER 2020
Mehr Infos
TOP EMPFEHLUNG 2020
Mehr Infos
www.qausal.de
www.qausal.de

Was ist im Ausland manchmal besser?

Höflichkeit, Demut und Gastversprechen liegen in Asien spürbar höher und werden gelebt. Das Interesse am Gast wird als zutiefst ehrlich empfunden. In den USA bleibt es beim Blick auf die Kreditkarte.

Nun gibt es das neue Ranking* Die 101 besten Hotels Deutschlands*. Wozu braucht es Ranglisten?

Ranglisten sind so gut wie die Genauigkeit der Daten, Gremien, Maßstäbe und die Transparenz bei ihrem Zustandekommen. Ranglisten sollten nicht nur bestätigen, sondern auch Lust machen, neue, gut bewertete Häuser auszuprobieren. Diesem Credo folge ich seit Jahren.

Verraten Sie uns Ihr Lieblingshotel?

Es gibt nicht nur das eine Lieblingshotel, es sind über viele Jahre hinweg einige geworden: das *Brenners* in Baden/Baden, der *Adler* in Asperg, das *Andaz* in München, das *Park Hyatt* in Hamburg, das neue *Waldorf Astoria Beverly Hills* und mein eigenes Ferienhaus auf Föhr, das ich mit meiner ganzen Hotelexpertise umgebaut habe und professionell vermiete. Ich höre mir jede Gasterfahrung an.

Geboren: 1959 in Heidelberg

Ausbildung: Volontariat Mannheimer Morgen · Studium Hochschule für Fernsehen und Film in München

Regie (Auswahl): Balko, Tatort – Tod im Häcksler · Der Sandmann · Solo für Klarinette

Produzent (Auswahl): Der Tunnel · Dresden · Die Flucht · Die Sturmflut · Der Turm · Bornholmer Straße · Der Fall Jakob von Metzler · Unsere Mütter, unsere Väter · Deutschland83 · Nackt unter Wölfen · Ich bin dann mal weg · Der Medicus · Der Junge muss an die frische Luft · Ku'damm 56/59 · Charité

TV: Der Tunnel · Dresden · Die Sturmflut · Die Flucht · Der Turm · Der Fall Jakob von Metzler · Unsere Mütter, unsere Väter · Bornholmer Straße · Nackt unter Wölfen · Deutschland83 · Ku'damm 56/59 · Charité

Kino: Der Medicus · Ich bin dann mal weg · Der Junge muss an die frische Luft · Gemeinsam mit Bernd Eichinger Initiator des Nachwuchspreises First Steps, Mitbegründer der Produktionsfirma teamWorx, (heute UFA Fiction) Autor des Buchs *Mehr Haltung, bitte!*

Jetzige Tätigkeiten: Co-CEO der UFA GmbH (2015 – 2017), Alleiniger CEO der UFA GmbH (seit 2017), Professor an der Filmakademie Baden-Württemberg (seit 1995), Intendant Nibelungen-Festspiele Worms (seit 2015)

Auszeichnungen (Auswahl): mehrfach Grimme-Preis · Bayerischer Fernsehpreis · Deutscher Fernsehpreis BAMBI · Goldene Kamera · Deutscher Filmpreis · zwei International Emmy Awards · Carl Laemmle Produzentenpreis.

DIE 25 BESTEN HOTELS DEUTSCHLANDS SIND IN ALLEN KATEGORIEN AUSGEZEICHNET.

Einen ganz besonderen Aufenthalt genießen die Gäste in den luxuriösen Suiten und Zimmern der 25 besten Hotels Deutschlands. Die Gastgeber leben durch tägliche Kommunikation mit ihren Gästen und Mitarbeitern den ganz eigenen Spirit des Hauses persönlich vor. Das Team orientiert sich an den höchsten Maßstäben des Gastes und interpretiert diese gleichzeitig innerhalb der gelebten Werte des Hotels. Das Service-Erlebnis ist auch bei individuellen Anfragen ausgezeichnet. Ein exquisites kulinarisches Angebot sowie eine Top-Lage runden das Erlebnis in den besten 25 Hotels Deutschlands ab.

TOP 25

DIE 101 BESTEN HOTELS DEUTSCHLANDS®

2020/21

BEYOND BY GEISEL

350,00 € bis 2.000,00 € BEYOND by Geisel · Marienplatz 22 · 80331 München

T +49 89 700 746 727 *W* beyond-muc.de

© privat

Gastgeber:
Nikolai Bloyd,
seit 2018

AUSSTATTUNG UND FOKUS

Anzahl Zimmer & Suiten: 12 Zimmer, 7 Suiten

Fokus: Lifestyle

Kinderfreundlich: Nein

Hotelgruppe: Geisel Privathotels

PHILOSOPHIE DES HAUSES

Das *BEYOND* ist mehr als ein Luxushotel: Es ist ein Zuhause direkt am Marienplatz. Durchdachtes Design, moderner Komfort, exklusive Gesellschaft und ein Gefühl, unter Freunden zu sein. Die Gäste werden von herzlichen Gastgebern, einem Privatkoch sowie dem 24 h-Concierge-Service umsorgt.

ALLEINSTELLUNGSMERKMALE

Unmittelbar am Marienplatz, einziges Hotel mit direktem Blick auf das Rathaus und das Glockenspiel, persönlicher Gastgeber und Privatkoch, exklusivste Residenz Münchens, Zutritt nur für Gäste und deren Gäste.

GASTRONOMIE

Ein Privatkoch steht den Gästen rund um die Uhr zur Verfügung und bereitet auf Wunsch auch gerne die Lieblingsgerichte zu. Bei Buchung des Kulinarikpakets sind ausgewählte Speisen und Getränke 24/7 im Zimmerpreis inkludiert.

VERANSTALTUNGSRÄUME

Spezielle Tagungs-Services: Die ganze Residenz kann exklusiv für Events gebucht werden.

© Vision Photos · A. Kull, R. Klostermeier

THE RITZ-CARLTON, WOLFSBURG ★★★★★

285,00 € bis 2.500,00 € The Ritz-Carlton, Wolfsburg · Parkstraße 1 · 38440 Wolfsburg

T +49 5361 607 000 *W* ritzcarlton.com/de/hotels/germany/wolfsburg

© Philipp Böhm

Gastgeber:
Christian Fomm,
seit Mai 2018

AUSSTATTUNG UND FOKUS

Anzahl Zimmer & Suiten: 147 Zimmer, 23 Suiten

Fokus: Business/Family/Wellness/Ferien/Lifestyle

Kinderfreundlich: Ja

Hotelgruppe: Marriott International lnc.

PHILOSOPHIE DES HAUSES

»We are Ladies and Gentlemen, serving Ladies and Gentleman.«

ALLEINSTELLUNGSMERKMALE

Der im Hafenbecken vor der Volkswagen Kraftwerk-Kulisse schwimmende, auf 29 °C beheizte Outdoor Pool. Das Hotel ist ein Teil des Erlebnisparks Autostadt, der mit saisonalen Events für Groß und Klein aufwartet. Designer Outlet Wolfsburg und Science Center Phaeno sind fußläufig zu erreichen.

GASTRONOMIE

Anzahl der Restaurants: 3 (+ 1 Bar, + 1 Lobby Lounge)

- *Hafenterrasse:* Frühstücksrestaurant.
- *Terra:* Casual, saisonale und regionale Gerichte.
- *Aqua:* 3 Michelin-Sterne, 19,5 Gault&Millau Punkte. Fine Dining.
- *Newman's Bar:* Elegante American Bar, individuell zugeschnittene Cocktails.
- *Lobby Lounge:* Traditioneller englischer Nachmittagstee.

WELLNESS

Größe des SPA: 1.200 m²

Ausstattung und Besonderheiten SPA: Massagen, kosmetische Behandlungen, Fitness Center, Sauna, ganzjährig auf 29 °C beheizter Outdoor Pool (40 m).

VERANSTALTUNGSRÄUME

Anzahl und Größe: 7 (bis 230 Personen)

Veranstaltungstechnik: Beamer, Leinwand, interaktiver 92-Zoll LCD Bildschirm und CHIME-Meeting-Service App.

Spezielle Tagungs-Services: Meetings, Incentives, Konferenzen und private Veranstaltungen, z.B. Hochzeiten (inkl. unserer Eventplaner, wenn gewünscht eine hausgemachte Torte) und Bachelorette Party.

FREIZEITANGEBOT

Eingebettet in die Erlebniswelt Autostadt, Experimentierlandschaft Phaeno, Designer Outlet Wolfsburg und VW Werkstour.

FAVRE-LEUBA
SWISS MADE SINCE 1737
TRUST
YOURSELF
RAIDER HARPOON
Follow us on:
FAVRE-LEUBA.COM

ROCCO FORTE THE CHARLES HOTEL ★★★★★

360,00 € bis 18.000,00 € Rocco Forte The Charles Hotel · Sophienstraße 28 · 80333 München

T +49 89 544 555 1430 *W* roccofortehotels.com/de/hotels-and-resorts/the-charles-hotel/

Gastgeber:
Frank Heller,
seit 2007 (Eröffnung)

AUSSTATTUNG UND FOKUS

Anzahl Zimmer & Suiten: 136 Zimmer, 24 Suiten

Fokus: Business/Family/Wellness/Ferien/Lifestyle

Kinderfreundlich: Ja

Hotelgruppe: Rocco Forte Hotels

PHILOSOPHIE DES HAUSES

Jedes *Rocco Forte Hotel* reflektiert den authentischen Charakter seiner Stadt. Alle sind Sehenswürdigkeiten, befinden sich in herrschaftlichen Gebäuden, in außergewöhnlicher Lage. Höchste Qualitätsstandards sowie ein persönlicher, intuitiver Service sind ihnen gemein.

ALLEINSTELLUNGSMERKMALE

Das *The Charles Hotel* besticht durch seine einmalige Lage zwischen dem Alten Botanischen Garten, dem Karlsplatz und dem Königsplatz. Mit einer Mindestgröße von 40 m² beherbergt das preisgekrönte Haus die größten Standardzimmer der Stadt.

GASTRONOMIE

Anzahl der Restaurants: 1 (+1 Bar)

- *Sophia's Restaurant & Bar:* »Botanical Bistronomy« , spiegelt die Bedeutung regionaler und saisonaler Produkte wider. Kräuter und Gewürze aus der ganzen Welt sorgen für eine herrliche Symbiose aus regional und global.

WELLNESS

Größe des SPA: 800 m²

Ausstattung und Besonderheiten SPA: Indoor Pool (15 x 8 m), Dampfbad, Sauna, Gym, Anwendungen mit Kosmetiklinie Irene Forte Skincare oder Cellcosmet.

VERANSTALTUNGSRÄUME

Anzahl und Größe: 8 (bis 250 Personen)

Veranstaltungstechnik: Modernste technische Ausstattung in allen Räumlichkeiten.

Spezielle Tagungs-Services: Sieben Konferenzräume, größtenteils mit Tageslicht sowie ein 300 m² großer, teilbarer Ballsaal für Veranstaltungen mit bis zu 250 Personen.

FREIZEITANGEBOT

Zentrale Lage im Stadtzentrum, nur wenige Gehminuten von Sehenswürdigkeiten, Biergärten und Einkaufsmöglichkeiten entfernt.

»VON DEN HOTELS LERNEN«

Philippe Roten ist CEO bei der zweitältesten Schweizer Uhrenmarke Favre-Leuba. Als Sponsor des Rankings *Die 101 besten Hotels Deutschlands* zieht er Parallelen zwischen seiner Branche und der Welt der Gastgeber.

Philippe Roten, auf den ersten Blick haben Uhren und Hotels nicht viele Gemeinsamkeiten. Wo sehen Sie die Verbindung und was können andere Wirtschaftszweige von der Hotellerie lernen?

Die Hotellerie lebt die Gastfreundschaft vor, die wir auch in anderen Bereichen dringend benötigen. Wenn nicht alles über das Internet laufen soll, brauchen wir ein Service-Erlebnis. Da kann der lokale Einzelhandel Einiges von der Hotellerie lernen.

Favre-Leuba hat eine einzigartige Tradition. Wie wichtig sind diese Verwurzelung und das Storytelling?

Wir können nur in die Zukunft gehen, wenn wir wissen, woher wir kommen. Unsere Aufgabe ist es, die Tradition mit Innovation und Zukunft zu verbinden. Aber ohne Kenntnis der Wurzeln, der Historie, des Know-hows geht das nicht. Das ist eine Frage der Glaubwürdigkeit.

Inzwischen gehört Favre-Leuba zur indischen Tata-Gruppe, genau so wie die berühmten Taj-Hotels. Schon 1903 ließ Firmengründer Jamshedji Tata das Taj Mahal Palace Hotel in Mumbai bauen. Was verbindet der Eigentümer mit der Schweizer Marke?

Favre-Leuba hat sehr früh Pionierleistungen vollbracht und Uhren in der ganzen Welt verkauft, etwa in Südamerika, Nordamerika oder in Kuba. In Indien haben wir in den Achtzigerjahren jedes Jahr an die 600.000 Uhren abgesetzt. Wir sind dort sehr bekannt, es gibt feste emotionale Bindungen.

Die Schweizer Uhrenindustrie ist sehr erfolgreich. Bisher wurden jährlich Armbanduhren in einer Größenordnung von 20 Milliarden Schweizer Franken exportiert. Wie wird es weitergehen und welchen Stellenwert hat Deutschland für Favre-Leuba?

Die Bedeutung steigt. Gerade in Zeiten, wo der weltweite Tourismus stockt, ist es gut, sich auf das Naheliegende zu besinnen. Die Menschen wollen sich auch jetzt etwas Gutes tun, die lokalen Kunden müssen die gleiche Aufmerksamkeit bekommen. Das funktioniert in Deutschland sehr gut.

Favre-Leuba gilt als Marke für Extremsportler. Viele Uhren haben ausgeklügelte Höhen- und Tiefenmeter, die Uhren waren schon auf dem Mount Everest und hunderte Meter unter Wasser. Wie soll das Image weiterentwickelt werden?

Bisher waren 80 Prozent unserer Kollektion dem Extremsport zugewandt, nur 20 Prozent waren Uhren des täglichen Gebrauchs. Dieses Verhältnis wollen wir umdrehen und die Marke besser zugänglich machen für das breite Publikum.

Sie selbst sind seit einem Jahr CEO, waren davor bei Bang & Olufsen und Hublot. Wie verändert sich Luxus?

© Oliver Oettli

Philippe Roten, CEO bei Favre-Leuba

Luxus wird immer demokratischer. Seit es das Internet gibt und die Produkte im Outlet gehandelt werden, haben immer mehr Menschen Zugang dazu. Hinzu kommt, dass der Erfolg manche Luxushersteller vielleicht etwas übermütig gemacht hat und sie die Preise zu sehr strapaziert haben, die sie nun senken müssen. Marken mit fairem Preis-Leistungsverhältnis setzen sich durch.

Der Sieger des Rankings bekommt eine Armbanduhr von Favre-Leuba. Um welches Modell handelt es sich und können andere Hoteliers daran teilhaben?

Wir haben eine einzigartige Uhr kreiert. Es ist ein Unikat der Raider Harpoon. Das Ziffernblatt mit dem Logo der *101 besten Hotels Deutschlands* wurde extra angefertigt. Die Spitzenhoteliers können eine ähnliche Uhr erwerben, die an das Ranking erinnert.

MEILENSTEINE

1737: Abraham Favre wird erstmals in einem offiziellen Dokument als selbständiger Uhrmachermeister erwähnt, womit die Marke Favre-Leuba geboren wird.

1815: In der vierten Generation schließt sich die Uhrenmacherfamilie mit dem Uhrenhandel von Auguste Leuba zusammen.

1851: Die Taschenuhren von Favre-Leuba werden bei zahlreichen Ausstellungen ausgezeichnet – unter anderem in London 1851, New York 1853, Paris 1855, Bern 1857 und Porto 1865.

1855: Fritz Favre setzt die Expansionsstrategie seines Vaters in Europa, Amerika und Asien erfolgreich fort und ab den Jahren 1865 und 1867 entwickelt sich Indien zu einem wichtigen Absatzmarkt.

1962: Bivouac. Die erste mechanische Armbanduhr mit einem Aneroidbarometer zur Höhen- und Luftdruckmessung.

1963: Favre-Leuba lanciert die bis 200 Meter wasserdichte Deep Blue.

1968: Bathy: Weltweit die erste mechanische Armbanduhr, die nicht nur die Tauchzeit, sondern auch die aktuelle Tauchtiefe anzeigt.

2011: Die Tata Gruppe übernimmt die Traditionsmarke.

2018: Die Instrumentenuhr Raider Bivouac 9000 erreicht mit einem Bergsteigerteam den Gipfel des Mount Everest. Sie ist die einzige mechanische Höhenmesseruhr, die auf 8848 Metern Höhe zuverlässig funktioniert.

2020: Favre-Leuba-CEO Philippe Roten führt eine neue Strategie ein, mit der Tradition und Moderne in einer Ausrichtung auf sportliche Wertigkeit vereint werden sollen.

© Sonnenalp Resort

SONNENALP ★★★★★

230,00 € bis 752,00 € Sonnenalp · Sonnenalp 1 · 87527 Ofterschwang

T +49 8321 272 0 *W* sonnenalp.de

© Sonnenalp Resort

Gastgeber:
Dr. Anna-Maria
und Michael Fäßler,
seit 1994

AUSSTATTUNG UND FOKUS

Anzahl Zimmer & Suiten: 179 Zimmer, 39 Suiten

Fokus: Family/Wellness/Ferien

Kinderfreundlich: Ja

Hotelgruppe: Keine

PHILOSOPHIE DES HAUSES

Seit über 100 Jahren erfüllen wir individuelle Urlaubsträume und geben jedem Gast das unverwechselbare Gefühl, auf der *Sonnenalp* zuhause zu sein. Familiäre und traditionelle Werte gehen dabei Hand in Hand mit den höchsten Ansprüchen eines führenden Luxusresorts.

ALLEINSTELLUNGSMERKMALE

20.000 m² alpine Wellnesswelten mit Park, Familienurlaub in Perfektion, Golfsport und Küchenkunst auf Weltklasse-Niveau: Das *Sonnenalp Resort* kombiniert unvergleichliche Vielfalt mit einzigartiger familiärer Herzlichkeit.

GASTRONOMIE

Anzahl der Restaurants: 4 (+2 Bars)

- *8 Restaurant-Stuben:* Frühstücksbuffet, Sechs-Gänge-Menü am Abend.
- *Fäßlers Grillstube:* Allgäuer und amerikanische Küche, Showküche.
- *Gourmetrestaurant Silberdistel:* 1 Michelin-Stern, 17 Gault&Millau Punkte. Alpine Cuisine.
- *SPA-Restaurant Anna's:* Gesund und leicht.

WELLNESS

Größe des SPA: 20.000 m²

Ausstattung und Besonderheiten SPA: 9 Pools, Bergsee, Natur-SPA, Saunen, Kinderwasserwelt, Kosmetik- und Bodytreatments, Medical Center, Fitnesswelt.

VERANSTALTUNGSRÄUME

Anzahl und Größe: 10 (bis 110 Personen)

Veranstaltungstechnik: Standardtechnik, Erfüllung aller technischen Anforderungen durch externe Anbieter.

Spezielle Tagungs-Services: Hochzeiten (Konzepterstellung/Planung, Trauungs-Locations, Pre-Wedding-Party, eigene Floristik und Konditorei), Familienfeiern, Meetings, Incentives, Teambuilding, Firmenfeiern.

FREIZEITANGEBOT

42-Loch-Golfresort, Wandern, Tennis, Radverleih, Wintersport, eigene Skischule, Reiterhof, über 70 Kinderaktivitäten und Shoppingwelt.

TECHNOGYM

PLATZ 15

PARK HYATT HAMBURG ★★★★★

195,00 € bis 5.000,00 € Park Hyatt Hamburg · Bugenhagenstr. 8 · 20095 Hamburg

T +49 40 3332 1234 *W* parkhyatthamburg.com

© Park Hyatt Hamburg

Gastgeber: Tashi Takang, seit Juni 2010

AUSSTATTUNG UND FOKUS

Anzahl Zimmer & Suiten: 231 Zimmer, 21 Suiten, 31 Apartments

Fokus: Business/Family/Wellness/Ferien/Lifestyle

Kinderfreundlich: Ja

Hotelgruppe: Hyatt Hotels

PHILOSOPHIE DES HAUSES

Luxury is personal.

ALLEINSTELLUNGSMERKMALE

Das Luxushotel befindet sich im Levantehaus, einem traditionellen Kontorhaus, direkt im Herzen von Hamburg. Eleganz und Zeitlosigkeit, kombiniert mit hoher Funktionalität, zeichnen die Gästezimmer aus. Ein 1.000 m² großer SPA-Bereich sorgt für Entspannung.

GASTRONOMIE

Anzahl der Restaurants: 2

- *Apples Restaurant:* Diners' Choice Award in der Kategorie »Beste Restaurants in Hamburg«. Regionale Küche mit innovativen Akzenten, serviert aus einer offenen Showküche, Sommerterrasse mit Urban Garden.
- *Park Lounge:* Traditioneller Afternoon Tea, Klassiker wie Club Sandwiches, Burger und Wiener Schnitzel.

WELLNESS

Größe des SPA: 1.000 m²

Ausstattung und Besonderheiten SPA: Luxuriöser SPA-Bereich mit Pool, Sauna, Dampfbad, Meersalz-Sole und Fitnessbereich.

VERANSTALTUNGSRÄUME

Anzahl und Größe: 9 (bis 200 Personen)

Veranstaltungstechnik: Modernste Veranstaltungstechnik wie z.B. Videokonferenzen.

Spezielle Tagungs-Services: Safe-Meeting-Konzept, Healthy-Meeting-Angebot, Meeting-To-Go-Angebot.

FREIZEITANGEBOT

Erlebnistouren: Architektur, Wochenmarkt, Kiez.

Übrigens: Exzellente Vermögensverwaltung agiert vergleichsweise unauffällig.

© Althoff Seehotel Überfahrt

ALTHOFF SEEHOTEL ÜBERFAHRT ★★★★★

220,00 € bis 1.885,00 € Althoff Seehotel Überfahrt · Überfahrtstraße 10 · 83700 Rottach-Egern

T +49 8022 669 2922 *W* seehotel-ueberfahrt.com · althoffhotels.com

Gastgeber:
Vincent Ludwig,
seit März 2008

AUSSTATTUNG UND FOKUS

Anzahl Zimmer & Suiten: 123 Zimmer, 53 Suiten

Fokus: Wellness/Family/Ferien/Lifestyle

Kinderfreundlich: Ja

Hotelgruppe: Althoff Collection

PHILOSOPHIE DES HAUSES

Die persönliche Atmosphäre eines inhabergeführten Familienunternehmens trifft auf das besondere Aufenthaltserlebnis eines Luxushotels. Unser Anspruch ist das Streben nach höchster Qualität in allen Bereichen – ob Kulinarik, Architektur, Design oder Service.

ALLEINSTELLUNGSMERKMALE

Einzigartige Lage trifft auf einzigartige Kulinarik. Das *Althoff Seehotel Überfahrt* ist das einzige Hotel mit direktem Seezugang im Tegernseer Tal – ein Sehnsuchtsort für Gipfelstürmer, Kulinarikbegeisterte und Erholungssuchende. Prämiert mit insgesamt 63,5 Gault&Millau Punkten.

GASTRONOMIE

Anzahl der Restaurants: 5 (+1 Bar)

- *Restaurant Überfahrt:* 3 Michelin-Sterne, 19,5 Gault&Millau Punkte. Kulinarische Höchstleistungen voller Leidenschaft und Perfektion.
- *Il Barcaiolo:* 16 Gault&Millau Punkte. Traditionelle, raffinierte italienische Küche.
- *Egerner Bucht:* 14 Gault&Millau Punkte. Moderne alpine Küche.
- *Bayernstube:* Bayerische Schmankerl.
- *Fährhütte14:* 14 Gault&Millau Punkte. Restaurant, Beachclub, Eventlocation.

WELLNESS

Größe des SPA: 3.000 m²

Ausstattung und Besonderheiten SPA: Indoor und Outdoor Pool, direkter Seezugang, Saunen, Dampfbäder, Ruhelounge, SPA-Suiten für Beauty und Massage, Gym.

VERANSTALTUNGSRÄUME

Anzahl und Größe: 7 (bis 250 Personen)

Veranstaltungstechnik: Standardtechnik, weframe One, Erfüllung aller technischen Anforderungen durch Technikpartner.

Spezielle Tagungs-Services: Meetings, Incentives, Kick-off, Geburtstage, Hochzeiten (inkl. Wedding Planner, Dekoration, Torte, Shuttle-Service), exkl. Kochschule, Tagungspauschalen.

FREIZEITANGEBOT

Hotelboutique, Fahrradverleih, Beach Club, Sommer- und Winteraktivitäten, Wasser- und Bergsport.

ALTHOFF SEEHOTEL ÜBERFAHRT

WEISSENHAUS GRAND VILLAGE

395,00 € bis 2.500,00 € Weissenhaus Grand Village · Parkallee 1 · 23758 Weissenhaus

T +49 4382 9262 0 *W* weissenhaus.de

© Oliver Lassen

Gastgeber: Familie Nagel, seit 2016

AUSSTATTUNG UND FOKUS

Anzahl Zimmer & Suiten: 34 Zimmer, 26 Suiten

Fokus: Wellness/Ferien

Kinderfreundlich: Ja

Hotelgruppe: Relais & Châteaux

PHILOSOPHIE DES HAUSES

Weissenhaus bietet als historisches Schlossgut an der Ostsee die ideale Umgebung zum Entspannen. Es braucht nur einen kurzen Moment, um die besondere Atmosphäre und Kraft dieses einzigartigen Ortes zu spüren und Hektik und Stress lösen sich ganz einfach in der nächsten Meeresbrise auf.

ALLEINSTELLUNGSMERKMALE

Privates Schlossgut auf 75 ha mit 40 historischen Gebäuden direkt an der Ostsee mit eigenem Strandabschnitt.
Ab 2021 verfügt *Weissenhaus* über die einzigen Villen mit privatem Pool in Deutschland.

GASTRONOMIE

Anzahl der Restaurants: 3

- *Gourmetrestaurant Courtier:* 2 Michelin-Sterne, 18 Gault&Millau Punkte. Fine Dining mit angeschlossener Kochschule.
- *Restaurant BOOTSHAUS:* 15 Gault&Millau Punkte. Italienisch, direkt am eigenen Strand, große Sonnenterrasse.
- *SUSHIBAR:* Asiatische Aromaküche.
- Separates Frühstücksrestaurant im historischen Kavaliershaus.

WELLNESS

Größe des SPA: 2.500 m^2

Ausstattung und Besonderheiten SPA: Indoor und Outdoor Pool, Solebecken, 6 Saunen und Private SPA, Schneegrotte, Hamam und Rasul.

VERANSTALTUNGSRÄUME

Anzahl und Größe: 6 (bis 160 Personen)

Spezielle Tagungs-Services: Historische Reetscheune mit eigenem Amphitheater.

FREIZEITANGEBOT

4 km Joggingweg auf eigenem Grundstück, privater Strand, ab 2021: 2 Tennisplätze und Golf Putting Green.

© The Fontenay

THE FONTENAY ★★★★★

350,00 € bis 9.000,00 € The Fontenay · Fontenay 10 · 20354 Hamburg

T +49 40 605 6605850 *W* thefontenay.com

© The Fontenay

Gastgeber:
Thies Sponholz,
seit Januar 2015

AUSSTATTUNG UND FOKUS

Anzahl Zimmer & Suiten: 113 Zimmer, 17 Suiten

Fokus: Business/Family/Wellness/Lifestyle

Kinderfreundlich: Ja

Hotelgruppe: Leading Hotels of the World

PHILOSOPHIE DES HAUSES

The Fontenay ist ein Abbild des modernen Hamburg – eine Hommage an die Hansestadt. Offen, kosmopolitisch und ausgesprochen gastfreundschaftlich. Das Luxushotel ist maßgeschneidert für die vielen nationalen und internationalen Gäste, die Hamburg neu oder wieder für sich entdecken.

ALLEINSTELLUNGSMERKMALE

Direkt an der Außenalster vereinen sich hier auf besondere Weise urbane Natur und zeitgenössischer Lebensstil.
Die faszinierende, skulpturale Architektur aus drei ineinander verschmelzenden Kreisen nimmt die umgebende Parklandschaft auf – ein City Resort im Herzen Hamburgs.

GASTRONOMIE

Anzahl der Restaurants: 2

- *Parkview Restaurant:* Das Gartenrestaurant mit lässig-feiner Ausstrahlung.
- *Lakeside Restaurant:* Das Gourmet-Restaurant im 7. Stock mit großartigem Hamburg-Panorama.

WELLNESS

Größe des SPA: 1.000 m^2

Ausstattung und Besonderheiten SPA: Indoor und Outdoor Pool (20 m), Private SPA-Suite, vielfältige Treatments.

VERANSTALTUNGSRÄUME

Anzahl und Größe: 4 (bis 160 Personen)

Veranstaltungstechnik: Konzertakkustik in Fontenay 1, 4 m breite Leinwand mit 2 Beamern.

Spezielle Tagungs-Services: Meetings, Incentives, Konferenzen, Hochzeiten und private Feiern jeglicher Art.

FREIZEITANGEBOT

Alles, was die Hansestadt Hamburg von Kunst und Kultur bis Freizeit und Sport zu bieten hat.

kaldewei.de

KALDEWEI
KOMPROMISSLOS VERBINDEND
Glas und Stahl, Anmut und Robustheit, eine kostbare Verbindung in MING Schalen
PHOTOGRAPHER
BRYAN ADAMS

HYATT REGENCY DÜSSELDORF

180,00 € bis 300,00 € Hyatt Regency Düsseldorf · Speditionstraße 19 · 40221 Düsseldorf

T +49 211 91341234 *W* hyatt.com/de-DE/hotel/germany/hyatt-regency-dusseldorf/dusse

© Hyatt Regency Düsseldorf

Gastgeber:
Axel Ziegler,
seit Juni 2013

AUSSTATTUNG UND FOKUS

Anzahl Zimmer & Suiten: 290 Zimmer, 13 Suiten

Fokus: Business/Wellness/Lifestyle

Kinderfreundlich: Ja

Hotelgruppe: Hyatt Corporation

PHILOSOPHIE DES HAUSES

Luxushotel mit exklusiver Lage im Düsseldorfer MedienHafen.

ALLEINSTELLUNGSMERKMALE

Im Szeneviertel MedienHafen glänzt das moderne Businesshotel mit einzigartigem Blick auf den Rhein und die Skyline der Stadt, nahe kultureller Attraktionen und Shoppingmöglichkeiten.

GASTRONOMIE

Anzahl der Restaurants: 4

- *DOX Restaurant:* Moderne regionale sowie internationale Küche mit frischen Produkten aus der Umgebung.
- *DOX Bar:* Cocktails, Wein oder klassische Barsnacks.
- *Pebble's Terrasse:* Gegrillte Sommergerichte und erfrischende Getränke.
- *Café D:* Selbstbedienungs-Bistro.

WELLNESS

Größe des SPA: 485 m^2

Ausstattung und Besonderheiten SPA: Das *Rive SPA* bietet 7 private Behandlungsräume, 1 Ruheraum, 1 großen Whirlpool sowie eine Nass- und eine Trockensauna.

VERANSTALTUNGSRÄUME

Anzahl und Größe: 10 (bis 400 Personen)

Veranstaltungstechnik: Hydraulische Außentreppe für einen spektakulären separaten Eingang.

Spezielle Tagungs-Services: 7 moderne Tagungsräume mit Tageslicht, Ballsaal mit Wasserdach aus Glas und hydraulischer Außentreppe, Mindful & Wellbeing-Meetingkonzept, innovative und gesunde Speisen.

FREIZEITANGEBOT

MedienHafen mit moderner Architektur, Shoppingmeile Königsallee und Kö-Bogen, »Little Tokyo«, Düsseldorfer Altstadt mit Hausbrauereien.

TRAUBE TONBACH

HOTEL TRAUBE TONBACH ★★★★★

269,00 € bis 549,00 € Hotel Traube Tonbach · Tonbachstraße 237 · 72270 Baiersbronn

T +49 0 7442 492 622 *W* traube-tonbach.de

© Traube Tonbach

Gastgeber:
Heiner Finkbeiner,
seit 1993

AUSSTATTUNG UND FOKUS

Anzahl Zimmer & Suiten: 134 Zimmer, 17 Suiten

Fokus: Family/Wellness/Ferien/Lifestyle

Kinderfreundlich: Ja

Hotelgruppe: Privates Familienunternehmen seit 1789, inhabergeführt in der achten Generation. Gründungsmitglied von FAIR JOB HOTELS und seit 1983 Mitglied im Les Grandes Tables du Monde.

PHILOSOPHIE DES HAUSES

Genuss, der begeistert, für Momente, die bleiben. Seit über 230 Jahren ist der Schwarzwald unsere Heimat. In 8. Generation sind wir Gastgeber aus Leidenschaft.

ALLEINSTELLUNGSMERKMALE

Die Einzigartigkeit des Schwarzwalds mit dem Besten aus Tradition und Moderne erleben. Ausgezeichnete Kulinarik, besondere Natur- und Wellnesserlebnisse sowie vielfältige Aktivitäten für die ganze Familie sorgen für eine wohltuende Auszeit.

GASTRONOMIE

Anzahl der Restaurants: 4

- *Restaurant Silberberg:* Abwechslungsreich und elegant, nur für Hausgäste.
- *Köhlerstube:* Kreativ und international.
- *Blockhütte:* Badisch-schwäbische Klassiker.
- *Schwarzwaldstube:* Zeitgemäße, französische Haute Cuisine.

WELLNESS

Größe des SPA: 4.500 m^2

Ausstattung und Besonderheiten SPA: Badelandschaft mit 9 Saunen und Dampfbädern, Horizontal Shower, SPA-Suite, hochwertige Körper- und Schönheitsrituale.

VERANSTALTUNGSRÄUME

Anzahl und Größe: 3 (bis 450 Personen)

Veranstaltungstechnik: Hochwertige Ausstattung, Standardtechnik, Erfüllung aller technischen Anforderungen.

Spezielle Tagungs-Services: Meetings und Konferenzen, Firmenfeiern, Hochzeiten, private Events, passende Rahmenprogramme und Dekoration.

FREIZEITANGEBOT

Kochkurse, Wandern, Nordic-Walking, Golfen, Mountainbiking, Ausflüge, Sportkurse, Themenwochen, Ladenpassage.

© Jürgen Jeibmann

RELAIS & CHÂTEAUX HOTEL BÜLOW PALAIS★★★★★

165,00 € bis 950,00 € Relais & Châteaux Hotel Bülow Palais · Königstraße 14 · 01097 Dresden

T +49 351 80030 *W* buelow-palais.de

© Anne Huneck

Gastgeber:
Ralf J. Kutzner,
seit 2010

AUSSTATTUNG UND FOKUS

Anzahl Zimmer & Suiten: 46 Zimmer, 12 Suiten

Fokus: Business/Family/Lifestyle

Kinderfreundlich: Ja

Hotelgruppe: Relais & Châteaux, Feine Privat Hotels

PHILOSOPHIE DES HAUSES

Ein mit Leidenschaft privat geführtes Hotel, das seine Gäste in herzlicher Atmosphäre begrüßt, wie es sonst nur unter Freunden üblich ist. Eine ruhige und zurückhaltende Firmenphilosophie, ein ehrgeiziges und ambitioniertes Team.

ALLEINSTELLUNGSMERKMALE

Das Fünf-Sterne-Luxushotel unter privater Führung hat sich zu einem Geheimtipp in Dresden entwickelt.
58 Zimmer in elegantem Design bieten größtmöglichen Komfort. Zu den Highlights gehören das Sterne-Restaurant *Caroussel*, *Bülow's Bistro* mit seiner leichten, deutschen Küche sowie ein Day-SPA.

GASTRONOMIE

Anzahl der Restaurants: 2 (+1 Bar)

- *Gourmetrestaurant Caroussel:* 1 Michelin-Stern, 16 Gault&Millau Punkte, 4 Hauben im großen Restaurant & Hotel Guide. Klassisch französische Küche.
- *Bülow's Bistro:* Leichte, deutsche Küche und interessante, junge Weine, nachmittags gibt es frischgebackenen Kuchen.
- *Palais Bar:* Täglich geöffnet für den idealen Tagesausklang.

WELLNESS

Größe des SPA: 400 m²

Ausstattung und Besonderheiten SPA: Fitnessraum, Saunalandschaft mit 3 Saunen, 4 Behandlungsräume für anspruchsvolle Anwendungen, Paaranwendungen.

VERANSTALTUNGSRÄUME

Anzahl und Größe: 4 (bis 110 Personen)

Veranstaltungstechnik: Standardtechnik, Erfüllung aller technischen Anforderungen durch Technikpartner vor Ort.

Spezielle Tagungs-Services: Meetings, Incentives, Konferenzen, Hochzeiten, andere private Veranstaltungen, Empfänge an der *Palais Bar* oder auf der Kuppel der Dreikönigskirche.

FREIZEITANGEBOT

Individuelle Stadtrundgänge, Shuttle-Service, Ausfahrten in und um Dresden, Ticket-Service, Blumen-Service, Concierge-Service.

REGENT BERLIN ★★★★★

229,00 € bis 4.500,00 € Regent Hotel Berlin · Charlottenstraße 49 · 10117 Berlin

T +49 30 20338 *W* regenthotels.com/de/regent-berlin

Gastgeber:
Claus Geißelmann,
seit August 2019

AUSSTATTUNG UND FOKUS

Anzahl Zimmer & Suiten: 195 Zimmer, 39 Suiten

Fokus: Business/Family/Lifestyle

Kinderfreundlich: Ja

Hotelgruppe: InterContinental Hotels Group

PHILOSOPHIE DES HAUSES

Ein Aufenthalt im *Regent Hotel* bedeutet, Eleganz zu erleben sowie sich Luxus und Gastfreundschaft hingeben zu können. Das Hotel verkörpert eine Balance zwischen optimaler Lage, Großstadt-Feeling und der Privatsphäre vor Ort.

ALLEINSTELLUNGSMERKMALE

Das *Regent Berlin* bietet sowohl die Vorzüge einer zentralen Lage als auch die Privatsphäre eines Boutique-Hotels. Sie sind nur wenige Schritte von den populärsten Attraktionen sowie exklusiven Geschäften entfernt und erfreuen sich dennoch eines erholsamen und luxuriösen Rückzugsortes.

GASTRONOMIE

Anzahl der Restaurants: 1 (+1 Bar, +1 Tea & Lobby Lounge)

- *Charlotte & Fritz:* Casual Dining.
- *Regent Bar:* Klassische Barsnacks, leichte Gerichte.
- *Tea & Lobby Lounge:* Klassisch britischer Afternoon Tea.

WELLNESS

Größe des SPA: 300 m^2

Ausstattung und Besonderheiten SPA: Separate Saunen für Frauen und Männer (Bio-Sauna, finnische Sauna), Massagen und Schönheitsbehandlungen, Fitnessstudio.

VERANSTALTUNGSRÄUME

Anzahl und Größe: 10 (bis 120 Personen)

Veranstaltungstechnik: Erstklassige Konferenz-, Computer- und Kommunikationstechnik.

Spezielle Tagungs-Services: Konferenzen, Tagungen, Hochzeiten, weitere private Feiern.

FREIZEITANGEBOT

Concierge-Service, Limousinen- und Fahrer-Service.

© Jonathan Lipking

PLATZ 23

THE RITZ-CARLTON, BERLIN ★★★★★

265,00 € bis 15.000,00 € The Ritz-Carlton, Berlin · Potsdamer Platz 3 · 10785 Berlin

T +49 30 33 7777 *W* ritzcarlton.de/berlin

© Ricarda Spiegel

Gastgeber:
Robert Petrović,
seit April 2009

AUSSTATTUNG UND FOKUS

Anzahl Zimmer & Suiten: 262 Zimmer, 41 Suiten

Fokus: Business/Family/Lifestyle

Kinderfreundlich: Ja

Hotelgruppe: Marriott International

PHILOSOPHIE DES HAUSES

»We are Ladies and Gentlemen, serving Ladies and Gentlemen.« – Die Ladies and Gentlemen des *The Ritz-Carlton, Berlin* begrüßen ihre Gäste mit einem Höchstmaß an persönlichem Service in dem liebevoll neugestalteten Grand Hotel am Potsdamer Platz.

ALLEINSTELLUNGSMERKMALE

Das *The Ritz-Carlton, Berlin* bietet modernen Luxus im Herzen der Hauptstadt. Die Gästezimmer und -suiten, die Konferenzetage sowie alle öffentlichen Bereiche erstrahlen in einem neuen, eleganten Look, inspiriert von einer modernen Interpretation der Stilrichtung Art déco.

GASTRONOMIE

Anzahl der Restaurants: 1 (+2 Bars, +1 Tea Lounge)

- *POTS by Dieter Müller:* Mathias Brandweiner – Gastgeber des Jahres (Berliner Meisterköche), 14 Gault&Millau Punkte. Modern interpretierte deutsche Küche.
- *The Curtain Club:* Klassische Cocktails und Barsnacks mit Live-Musik.
- *Fragrances:* Außergewöhnliche Cocktails auf Basis edler Parfums.
- *The Lounge:* Klassische Lounge mit Afternoon Tea und Live-Musik.

WELLNESS

Größe des SPA: 390 m²

Ausstattung und Besonderheiten SPA: Jetstream Indoor Pool, Finnische gemischte Sauna und Dampfsauna, Fitnessbereich, Treatments auf Anfrage.

VERANSTALTUNGSRÄUME

Anzahl und Größe: 10 (bis 900 Personen)

Veranstaltungstechnik: Alle Konferenzräume wurden neu renoviert, modernste Tagungstechnik.

Spezielle Tagungs-Services: Meetings, Konferenzen, Incentives, Pressekonferenzen sowie Social Events wie Hochzeiten und Bälle werden von einem erfahrenen Eventteam liebevoll geplant und betreut.

FREIZEITANGEBOT

Tiergarten vor der Tür für Joggingrunden im Park, Fahrrad- und E-Bike-Verleih, Ritz Kids Programm, Limousinen-Transfer.

AVIS
GRAND ELYSEE

PLATZ 24

GRAND ELYSÉE HAMBURG ★★★★★

170,00 € bis 1.500,00 € Grand Elysée Hamburg · Rothenbaumchaussee 10 · 20148 Hamburg

T +49 40 41 41 2 0 *W* grand-elysee.com

© Grand Elysée Hamburg

Gastgeber:
André Vedovelli,
seit 2015

AUSSTATTUNG UND FOKUS

Anzahl Zimmer & Suiten: 492 Zimmer, 18 Suiten

Fokus: Business/Family/Wellness

Kinderfreundlich: Ja

Hotelgruppe: Individualhotellerie

PHILOSOPHIE DES HAUSES

»Ich glaube an ein Hotel in Hamburg, das unseren Gast in eine andere Welt versetzt, eine Welt ohne Schwellenängste, mit pulsierendem Leben und voller Heiterkeit, in der er Freude und Glück empfindet.« Eugen Block

ALLEINSTELLUNGSMERKMALE

Mitten im Herzen Hamburgs liegt Deutschlands größtes inhabergeführtes Fünf-Sterne-Hotel. Das Business- und Veranstaltungshotel, das 2017 mit dem Location Award ausgezeichnet wurde, ist ein lebendiger Treffpunkt für Gäste aus aller Welt. Neben 510 großzügigen Zimmern, davon 18 Suiten, laden vier verschiedene Restaurants, ein Café und zwei Bars zu einem einmaligen Hotelerlebnis ein.

GASTRONOMIE

Anzahl der Restaurants: 3

- *Piazza Romana:* Feine mediterrane Küche in stilvollem Ambiente.
- *Brasserie Flum:* Französische Köstlichkeiten.
- *Theo's Prime Beef Restaurant:* Dry Aged Beef in bester Qualität und exklusiver Atmosphäre.

WELLNESS

Größe des SPA: 1.000 m²

Ausstattung und Besonderheiten SPA: Gäste genießen Beauty Treatments, verschiedene Saunen, Massagen, einen beheizten Indoor Pool (14 x 7 m) mit Außenterrasse.

VERANSTALTUNGSRÄUME

Anzahl und Größe: 30 (bis 1.200 Personen)

Veranstaltungstechnik: Hauseigene, modernste Veranstaltungstechnik, Oval Office in der sechsten Etage mit eigener Bar, Küche und Terrasse, befahrbarer Festsaal, 16 Millionen Farbnuancen für individuelle Beleuchtungskonzepte, Highspeed-Internetzugang WLAN/LAN, Möglichkeit für hybride Meetings.

Spezielle Tagungs-Services: 4.200 m², Certified Conference Hotel, durchdachtes Sicherheits- und Hygienekonzept, persönliche und kompetente Beratung und Unterstützung.

FREIZEITANGEBOT

Kunstsammlung im gesamten Haus sowie eine Galerie, 1.000 m² SPA-Bereich inkl. Ruhebereich, Sauna, Solarium, Massagen, Beauty Treatments und Fitnessraum. Hauseigene Fahrräder, ein Blumenladen sowie eine hoteleigene Boutique.

Christina Block

»AUF UNSERE GÄSTE HÖREN«

• • • • Christina Block absolvierte eine Ausbildung als Hotelfachfrau im *Bayerischen Hof* in München und ist heute eine der bekanntesten Unternehmerinnen in Hamburg. Sie ist Mitgesellschafterin der *Eugen Block Holding*, zu der das renommierte Hotel *Grand Elysée* gehört.

Von Rolf Westermann

Christina Block, Hotellerie und Gastronomie gelten vielen als die schönsten Betätigungsfelder der Welt. Bleibt das auch unter den derzeitig schwierigen Bedingungen so?

Natürlich stellt die jetzige Zeit samt der dazugehörigen Auflagen unsere Branche vor eine herausfordernde Situation. Dass unsere Gäste unser herzliches Lächeln nicht sehen können, ist schon traurig. Dennoch haben wir doch jetzt erst recht die großartige Möglichkeit, unseren Gästen eine entspannte Auszeit vom Alltag zu bieten. Dies war doch schon immer eine sehr erfüllende Aufgabe und ist es nach wie vor!

Wie schafft man es, jedes Jahr ein bisschen besser zu werden?

Das ist in der Tat ein großes Ziel. Es kann nur erreicht werden, wenn wir jeden Tag unserem Versprechen, Spitzenqualität zu liefern, oberste Priorität einräumen. Qualität hinsichtlich unseres Produktes, hinsichtlich unseres herzlichen, ehrlichen Services und auch hinsichtlich unserer Qualität in der Führung und im familiären Umgang mit unseren Mitarbeitern.

Wie lautet Ihr Rezept für die Zukunft?

In die Zukunft zu blicken ist momentan wirklich schwierig. Trotz aller gut funktionierenden Videokonferenzen bin ich der Überzeugung, dass persönliche Treffen und der direkte Kontakt nicht ersetzt werden können. Wir müssen uns also umso mehr darum bemühen, unseren Gästen eine schöne Zeit zu ermöglichen. Diese neuen Angebote mögen anders aussehen, darum ist es wichtig genau hinzusehen und auf unsere Gäste zu hören.

© Klaus J.A. Mellenthin

RIVA – DAS HOTEL AM BODENSEE ★★★★★

250,00 € bis 940,00 € RIVA – Das Hotel am Bodensee · Seestrasse 25 · 78464 Konstanz

T +49 7531363090 *W* hotel-riva.de

© Hotel RIVA Wim Jansen

Gastgeber:
Thomas Bechtold und Kathrin Boerger-Bechtold, seit April 2018

AUSSTATTUNG UND FOKUS

Anzahl Zimmer & Suiten: 41 Zimmer, 5 Suiten

Fokus: Family/Wellness/Ferien/Lifestyle

Kinderfreundlich: Ja

Hotelgruppe: Best of SouthWest Hotels

PHILOSOPHIE DES HAUSES

So gut ein Hotel auch gestaltet sein mag – ohne die Menschen, die es mit Leben füllen, bleibt es eine leere Hülle. Im *RIVA* haben wir das Bestreben, einen perfekten Rahmen zu schaffen: für gelebte Träume und erfüllte Wünsche, die zu einer schönen Erinnerung werden.

ALLEINSTELLUNGSMERKMALE

Die Jugendstilvilla sowie das lichtdurchflutete Seehaus bilden die perfekte Symbiose aus Tradition und Moderne. Der Blick auf den See wird umrahmt vom Spiel mit den Elementen, von dem das Haus geprägt ist. Rückzugsräume öffnen sich, Kreisläufe schließen sich – herzlich willkommen im *RIVA*.

GASTRONOMIE

Anzahl der Restaurants: 2

- *Restaurant Ophelia:* 2 Michelin-Sterne, 18 Gault&Millau Punkte, 10 Gusto-Pfannen, Koch des Jahres 2018 (Gusto). Fine Dining, weltoffene Küche, saisonale Produkte, umfangreiche Weinkarte, ungezwungenes Ambiente.
- *Seerestaurant RIVA:* Saisonale, regionale und mediterrane Spezialitäten in entspannter Atmosphäre direkt am See.

WELLNESS

Größe des SPA: 600 m²

Ausstattung und Besonderheiten SPA: Beheizter Rooftop Pool, Massagen und Beauty-Behandlungen, Ruheraum, Sauna, Dampfbad, Fitness Center.

VERANSTALTUNGSRÄUME

Anzahl und Größe: 5 (bis 80 Personen)

Veranstaltungstechnik: Modernste Tagungstechnik verfügbar.

Spezielle Tagungs-Services: Ideal geeignet für Meetings, Incentives, Konferenzen und Familienfeiern. Große Auswahl an Aktivitäten auf dem Bodensee.

FREIZEITANGEBOT

Hauseigener Verleih von Stand-Up-Paddle Boards, Fahrrädern und E-Bikes. Vielzahl von Aktivitäten auf und um den See verfügbar.

中國會柏林
CHINA CLUB
BERLIN
GERMANY'S MOST PRESTIGIOUS
PRIVATE MEMBERS' CLUB
CHINA CLUB BERLIN
Behrenstraße 72
10117 Berlin
WWW.CHINA-CLUB-BERLIN.COM

DIE 101 BESTEN HOTELS DEUTSCHLANDS ZEIGEN SICH IN ALLEN KATEGORIEN WEIT ÜBERDURCHSCHNITTLICH.

Manchmal sind es nur Nuancen, die die verschiedenen Facetten von Spitzenhotels voneinander abgrenzen. In den *101 besten Hotels Deutschlands* genießen Sie mit Gewissheit einen außergewöhnlichen Aufenthalt – und vor allem ein unvergessliches Service-Erlebnis, allein, als Paar oder mit der ganzen Familie. Die folgenden Spitzenadressen sind für Sie in ***alphabetischer Reihenfolge*** aufgeführt.

DIE 101 BESTEN HOTELS DEUTSCHLANDS®

2020/21

ALTHOFF GRANDHOTEL SCHLOSS BENSBERG ★★★★★

ab 225,00 € Althoff Grandhotel Schloss Bensberg · Kadettenstraße · 51429 Bergisch Gladbach
T +49 2204 42 906 *W* schlossbensberg.com

© Althoff Hotels

Gastgeber:
Matthias Kienzle,
seit April 2020

AUSSTATTUNG UND FOKUS

Anzahl Zimmer & Suiten: 120 Zimmer, 36 Suiten
Fokus: Family/Wellness/Ferien/Lifestyle
Kinderfreundlich: Ja
Hotelgruppe: Althoff Collection

PHILOSOPHIE DES HAUSES

Cologne Countryside: Ein Luxushotel mit sympathischem und familiärem Service der Extraklasse – vor den Toren Kölns gelegen – in dem Genuss- und Eventgeschichte geschrieben werden.

ALLEINSTELLUNGSMERKMALE

DAS »familiäre Grandhotel« – vor den Toren Kölns. Durch unsere Kernkompetenzen Architektur, Kulinarik und Service Excellence ist das Hotel eine Premium-Marke für anspruchsvolle nationale und internationale Gäste wie auch Veranstaltungen im Corporate und Individual Bereich.

GASTRONOMIE

Anzahl der Restaurants: 3 (+2 Bars)

- *Restaurant Vendôme:* 3 Michelin-Sterne, 19,5 Gault&Millau Punkte. Joachim Wissler, Fine Dining, »Neue Deutsche Küche«.
- *Trattoria Enoteca:* 15 Gault&Millau Punkte. Casual, kreative italienische Küche mit vielseitigen Weinen.
- *Salvador Dalí Bar:* Casual, spanisch-katalanische Küche und Live Musik.
- *Jan Wellem Restaurant:* Gourmetfrühstück und Schlossküche.

WELLNESS

Größe des SPA: 1.000 m^2
Ausstattung und Besonderheiten SPA: *4 elements SPA by Althoff* – das Zusammenspiel der Elemente findet sich auch in den Massagen und Treatments wieder.

VERANSTALTUNGSRÄUME

Anzahl und Größe: 10 (bis 300 Personen)
Veranstaltungstechnik: Individuelle Abstimmung nach Bedürfnissen, Telefon- und Videokonferenzen, Live Streaming, Illumination.
Spezielle Tagungs-Services: Meetings, Incentives, Konferenzen, Events, Hochzeiten und andere private Veranstaltungen, Videokonferenzsysteme auf höchstem Niveau.

FREIZEITANGEBOT

Limousinen-Service, Wander- und Fahrradrouten, Golf, Ausflüge nach Köln und Düsseldorf (Museen, Shopping), Oper Köln.

ALTHOFF GRANDHOTEL SCHLOSS BENSBERG

© Marc Jones

© Wolfgang Stahr

ALTHOFF HOTEL AM SCHLOSSGARTEN ★★★★★

130,00 € bis 815,00 € Althoff Hotel am Schlossgarten · Schillerstraße 23 · 70173 Stuttgart

T +49 711 202 680 6 *W* hotelschlossgarten.com

© Wolfgang Stahr

Gastgeber:
Ulrich Schwer,
seit August 2013

AUSSTATTUNG UND FOKUS

Anzahl Zimmer & Suiten: 86 Zimmer, 20 Suiten

Fokus: Business/Family/Lifestyle

Kinderfreundlich: Ja

Hotelgruppe: Althoff Collection

PHILOSOPHIE DES HAUSES

Privat geführtes Traditionshotel im Herzen von Stuttgart, das besonders für seinen persönlichen und authentischen Service steht und sich mit seiner Individualität vom Rest der Hotellerie in Stuttgart abhebt. Das *Althoff Hotel am Schlossgarten* ist mehr als ein Hotel!

ALLEINSTELLUNGSMERKMALE

Zentrale Lage im Stadtzentrum zwischen Bahnhof, Kulturmeile und Königstrasse. Einziges LHW Hotel in Stuttgart und Region, große Auswahl an prämierter Gastronomie, persönlicher und individueller Service – Gastgeber aus Leidenschaft.

GASTRONOMIE

Anzahl der Restaurants: 5

- *Die Zirbelstube:* 1 Michelin-Stern, 17 Gault&Millau Punkte, 4 Schlemmer Atlas Kochlöffel, 8,5 Gusto-Pfannen. Fine Dining.
- *Weinwirtschaft | Weingut Franz Keller:* Regionale Küche.
- *John Cranko-Lounge:* Bar und Lounge.
- *Café am Schlossgarten:* Klassisches Kaffeehaus.
- *Schlossgarten Restaurant:* Frühstück und Events.

VERANSTALTUNGSRÄUME

Anzahl und Größe: 6 (bis 120 Personen)

Veranstaltungstechnik: Videokonferenzen, Nahdistanz-Beamer.

Spezielle Tagungs-Services: Veranstaltungsräume mit Tageslicht, individuelle Leistungsgestaltung je nach Veranstaltungskonzept, direkter Ansprechpartner von der Planung bis zur Durchführung.

FREIZEITANGEBOT

Ballett, Oper, Museen, Einkaufsmeile direkt vor der Tür, Schwarzwald und Schwäbische Alb in 30 Minuten mit dem Auto zu erreichen.

© Althoff Hotel Fürstenhof Celle

ALTHOFF HOTEL FÜRSTENHOF ★★★★★

125,00 € bis 350,00 € Althoff Hotel Fürstenhof · Hannoversche Str. 55/56 · 29221 Celle

T +49 5141 2010 *W* fuerstenhof-celle.com

© Wolfgang Stahr

Gastgeber:
Ingo Schreiber,
seit 2005

AUSSTATTUNG UND FOKUS

Anzahl Zimmer & Suiten: 57 Zimmer, 5 Suiten

Fokus: Business/Family/Wellness/Ferien/Lifestyle

Kinderfreundlich: Ja

Hotelgruppe: Althoff Hotels

PHILOSOPHIE DES HAUSES

Wir sind ein Ort mit Tradition und gelebter, privater Gastfreundschaft. Wenn Sie die Romantik unseres Hauses genießen und sich kulinarisch verwöhnen lassen, wollen wir Sie Begeisterung erleben lassen. So erschaffen wir für jeden Gast die Erlebbarkeit des individuell Besonderen.

ALLEINSTELLUNGSMERKMALE

Das *Althoff Hotel Fürstenhof* ist das Fünf-Sterne-Hotel in Celle. Als Barockpalais um 1680 erbaut, ist das Hotel heute ein Ort von Tradition und Gastfreundschaft mit einzigartigem Ambiente. Die große Kastanie im Innenhof ist das Herzstück des großzügigen Anwesens.

GASTRONOMIE

Anzahl der Restaurants: 1

- *Taverna & Trattoria Palio:* 16 Gault&Millau Punkte, 2 Varta-Diamanten, 3 Schlemmer Atlas Kochlöffel, 7 Gusto-Pfannen. Sie lieben Italien, die Gastfreundschaft und Lebensart? Dann besuchen Sie einen der besten Italiener im Norden. In authentisch toskanischem Ambiente genießen Sie die variationsreiche italienische Küche sowie saisonale und regionale Speisen.

WELLNESS

Ausstattung und Besonderheiten SPA: Sie erwarten Hallenschwimmbad, Sauna, Fitness und hochwertige Wellness-Behandlungen exklusiv für Gäste.

VERANSTALTUNGSRÄUME

Anzahl und Größe: 7 (bis 80 Personen)

Veranstaltungstechnik: Lösungen für Telefon- und Videokonferenzen sowie Streamingtechnik für hybride Veranstaltungen.

Spezielle Tagungs-Services: Tagungs-Concierge, professionelle Partner für Teambuilding-Angebote, Eventzentrum *CONGRESS UNION* vis-à-vis für bis zu 3.000 Personen mit 11 Räumen.

FREIZEITANGEBOT

Stadt- und Schlossführungen, Bauhaus-Architektur, Fahrradtouren, Wanderungen, Kanufahrten, Freizeitparks.

BY APPOINTMENT TO HER MAJESTY THE QUEEN
SUPPLIER OF TOILETRIES MOLTON BROWN LONDON
MOLTON BROWN
LONDON
MADE IN ENGLAND
Since 1971
Chosen by the finest hotels in the world
Discover the luxury collections at moltonbrown.com

A-ROSA SYLT ★★★★★

200,00 € bis 500,00 € A-Rosa · Listlandstraße 11 · 25992 List

T +49 40 300 322 366 *W* a-rosa-resorts.de/a-rosa/resorts-hotels/sylt/hotel-sylt.html

© A-ROSA Resorts

Gastgeber:
Marc Oliver Hoffmann,
seit Juni 2020

AUSSTATTUNG UND FOKUS

Anzahl Zimmer & Suiten: 140 Zimmer, 37 Suiten

Fokus: Family/Wellness/Ferien/Lifestyle

Kinderfreundlich: Ja

Hotelgruppe: A-ROSA Resorts

PHILOSOPHIE DES HAUSES

Eine Auszeit im *A-Rosa Sylt* bedeutet jeden Tag Erholung und Wohlgefühl. Ausgiebig am Meer entlangspazieren, nach Herzenslust schlemmen und sich anschließend im *SPA-Rosa* verwöhnen lassen – ein *A-Rosa* Urlaub steckt voller Genießermomente.

ALLEINSTELLUNGSMERKMALE

Das *A-Rosa Sylt* besticht durch seine Lage direkt am Wattenmeer sowie durch seinen großzügigen SPA-Bereich. Außerdem stellen wir unseren Gast immer in den Mittelpunkt und sind erst zufrieden, wenn sich jeder Gast im *A-Rosa Sylt* rundum wohl und zuhause fühlt.

GASTRONOMIE

Anzahl der Restaurants: 2

- *The Fish Club:* Moderne Fischgerichte mit internationalem Flair.
- *Dünenrestaurant:* Buffetrestaurant mit warmen und kalten Speisen – modern, leicht und kreativ gekocht und angerichtet.

WELLNESS

Größe des SPA: 3.500 m²

Ausstattung und Besonderheiten SPA: Meerwasser-Pool, Fitness und Functional Bereich, 6 Saunen, Hamam und Rasul, 16 Behandlungsräume, Ayurvedische Massagen.

VERANSTALTUNGSRÄUME

Anzahl und Größe: 6 (bis 300 Personen)

Veranstaltungstechnik: Beamer, Leinwand, Flipchart, Media Screens.

Spezielle Tagungs-Services: Unlimitierte Getränke im Tagungsraum (Auswahl an Wasser, Säften und Softgetränken), Lunch aus unserer Front Cooking Vitalküche als Buffet oder 3-Gänge-Menü.

FREIZEITANGEBOT

Verkostung frischer Austern, die direkt vor List aus dem Meer geholt werden, Segelkurse, Wind- und Kitesurf-Kurse für Anfänger.

Wild, rebellisch, kompromisslos:
Es sind die starken Gene, die sich
vererben.
Soul electrified. Der Taycan.
Entdecken Sie jetzt den Taycan in Ihrem Porsche Zentrum oder unter www.porsche.de/taycan
Stromverbrauch (in kWh/100 km) kombiniert 27,0–26,2; CO_2-Emissionen (in g/km) kombiniert 0

PORSCHE

© Stefan Bogner

SPA & RESORT BACHMAIR WEISSACH

355,00 € bis 1.496,00 € Hotel Bachmair Weissach GmbH & Co. KG · Wiesseer Straße 1 · 83700 Weissach/Rottach-Egern

T +49 8022 278 570 *W* bachmair-weissach.com

© Holger Felten

Gastgeber:
Veit Habersetzer,
seit April 2020

AUSSTATTUNG UND FOKUS

Anzahl Zimmer & Suiten: 144 Zimmer, 74 Suiten

Fokus: Family/Wellness/Ferien/Lifestyle

Kinderfreundlich: Ja

Hotelgruppe: Keine

PHILOSOPHIE DES HAUSES

Wir sind eine Mischung aus einem 150-jährigen Grand Hotel und einem designaffinen Country Club mit Recreation-SPA. In unserem Resort bieten wir Ihnen ganz besondere und langanhaltende Tegernseer Glücksmomente: Resort, Berghotel Altes Wallberghaus, *BW Beach,* Reitanlage.

ALLEINSTELLUNGSMERKMALE

Tegernseer Wohndesign, Tradition und Moderne. Kulinarische Vielfalt von gehobener bayerischer Küche bis zum High End, state of the art, *MIZU Sushi Bar.* Kinder machen Urlaub, Spieleparadies. Japanisch inspirierter Recreation *MIZU ONSEN SPA.* Großzügige Gartenanlage.

GASTRONOMIE

Anzahl der Restaurants: 4 (+3 Bars)

- *Gasthof Stubn:* Gehobene bayerische Küche.
- *MIZU Sushi Bar:* Japanisches Restaurant.
- *MIZU Bar:* Japanisch inspirierte Eigenkreationen.
- *Kreuther Fondue Stube:* Fisch-, Fleisch-, Gemüse-, Käsefondue.
- *Clubhaus:* Levante Grill-Küche.
- *Tagesbar:* Barfood-Klassiker, Veggie, BBQ.
- *MIZU ONSEN SPA Bar*

WELLNESS

Größe des SPA: 3.000 m^2

Ausstattung und Besonderheiten SPA: Fusion aus japanischer Badekultur: *MIZU ONSEN SPA,* Family SPA, Fitnessraum, Behandlungen: S. Kaufmann, Sensai, Barbara Sturm.

FREIZEITANGEBOT

Yoga Retreats, Wanderungen, Mountainbiking, Porsche-Ausfahrten, Segeln, SUP, Elektroboot, Surfen, Reiten, Paragliding, Ballooning.

© Patrycia Lukas

Korbinian Kohler

»ALLES WAS WIR TUN, BETRACHTEN WIR AUS DER SICHT DES GASTES«

• • • • • • Vor rund zehn Jahren zog sich Korbinian Kohler aus seinem Familienunternehmen, der Büttenpapierfabrik Gmund, zurück und kaufte das *Hotel Bachmair Weissach* am Tegernsee. Heute ist der Quereinsteiger erfolgreicher Hotelier und Unternehmer. Im Interview mit Carsten K. Rath spricht er über Mentalitätsunterschiede und seine bisherigen Erfahrungen in der Hospitality-Branche.

Du bist Quereinsteiger in der Hotellerie und führst das exzellente* SPA & Resort Bachmair Weissach *am Tegernsee. Was machst du anders als andere?

Ich bereue es, dass ich nicht schon früher in diesem Hotelumfeld tätig war. Wenn man Menschen mag, dann ist es wirklich eine der schönsten Branchen überhaupt. Ich betrachte die Dinge sicherlich nicht nach gelernten Hotel-Standards und Mustern, sondern rein aus der Sicht des Gastes. Dieser Blick mag auch etwas naiv sein. Ich dachte, ich verstünde etwas von der Hotellerie, da ich viel reise. Das ist ein guter Anfang, aber reicht natürlich nicht. Den Blick des Reisenden habe ich mir beibehalten. Ich übernachte auch häufig im *Bachmair Weissach* und erstelle bei meinen Aufenthalten so genannte Perfektionierungslisten.

Mit der Zeit habe ich so die Komplexität, die hinter einem Hotelbetrieb liegt, in allen Facetten kennen- und schätzen gelernt.

Das muss doch für dich eine große Herausforderung sein. Wie suchst du deine Mitarbeiter aus? Wie steht es um dein Team?

Die Organisation muss Prozessen folgen. Darum haben wir uns auch als einer der wenigen Hotelbetriebe ISO zertifiziert. Aber die Leute stechen mit eigenen Persönlichkeiten heraus. Meine Mitarbeiter sind neugierig, aufmerksam und daran interessiert, wie es anderen Menschen geht. Mittlerweile bekommen wir ganz tolle Initiativbewerbungen von Menschen, die genau durch diese Eigenschaften brillieren. Wir haben mittlerweile ein starkes, eingespieltes Team. Das war nicht immer so, heute bin ich sehr froh darüber.

Du kommst ursprünglich aus der Papierindustrie und warst dadurch sehr prozessorientiert. In eurem Haus spüre ich als Kollege, dass die Prozesse funktionieren, aber als Gast merke ich von den Prozessen im Hintergrund nichts. Wie schaffst du diese Gratwanderung?

Hier zeigte sich für mich die unterschiedliche Mentalität in der Hospitality-Branche. In der Papierindustrie werden Prozesse sehr konsequent umgesetzt, wenn nötig auch von einem Tag auf den nächsten. Das funktioniert in der Hotellerie ganz anders. Hier sind die Menschen sehr emphatisch, auf das Wohl der Gäste bedacht, aber in Sachen Struktur werden häufig zusätzliche Tools benötigt. Starre Prozesse werden hier nicht einfach umgesetzt, sondern individuell interpretiert. Das Leuchten in den Augen der Mitarbeiter muss sich entfalten dürfen.

Ein naturbelassener Bach fließt mitten durch euer Resort. Ihr setzt dieses Naturelement gekonnt für euch ein, erzähl uns mehr dazu.

Das ist der Mühlbach, ein Seitenarm der Weissach. Viele unserer Gäste schätzen das Rauschen des Wassers, sie können dadurch besser einschlafen. Das geht mir persönlich auch so. Wir haben verschiedene Brücken über den Bach gebaut, die wir als Liege- und Ruheflächen nutzen. Du kannst auch direkt aus der Außensauna in den Bach springen, um dich abzukühlen. Das Fließende des Wassers fügt sich in die Satellitenstrategie ein, die wir verfolgen. Das Resort-Areal ist nicht in sich abgeschlossen, sondern wir betreiben verschiedene Häuser im Tegernseer Tal, wie zum Beispiel das *Berghotel Altes Wallberghaus* und den *Bachmair Weissach Beach* mit Steg und Stand-Up-Paddle Möglichkeiten. Das Hotel *Bussi Baby* richtet sich eher an jüngere Gäste. Unser neuestes Projekt ist das *Clubhaus*, welches mir besonders viel Spaß bereitet. Ein Restaurant im Stil eines Wassersportclubs der Dreißigerjahre, inklusive Seesuiten mit direktem Balkon zum Tegernsee.

Das Bachmaier Weissach *hast du damals aus der Insolvenz heraus gekauft und das Interieurdesign deutlich verändert. Warum hast du gerade Orange als Farbe ausgewählt?*

Ja, wir setzen Orange, Grau und Holztöne ein. Orange ist eine persönliche Vorliebe von mir, die auch sehr verkaufsfördernd ist, wie ich im Gespräch mit dir erfahren durfte. Meine Frau ist professionelle Künstlerin, spezialisiert auf Portraitkunst. Die Kunst des Designs ist es, zeitlos zu sein, genau das setzen wir hier im Haus um.

STERNHAGEN

BADHOTEL STERNHAGEN ★★★★★

191,00 € bis 610,00 € Badhotel Sternhagen · Cuxhavener Straße 86 · 27476 Cuxhaven

T +49 472 14340 *W* badhotel-sternhagen.de

© Badhotel Sternhagen

Gastgeberin:
Susan Cantauw,
seit Januar 2013

AUSSTATTUNG UND FOKUS

Anzahl Zimmer & Suiten: 19 Zimmer, 28 Suiten

Fokus: Family/Wellness/Ferien

Kinderfreundlich: Ja

Hotelgruppe: Keine

PHILOSOPHIE DES HAUSES

Ein wunderbares Erlebnis von Ruhe, Genuss und Entspannung in unserem familiär geführten Kleinod voller Behaglichkeit und zurückhaltender Eleganz. Unaufdringliche Gastfreundschaft im besten Sinn, direkt an Nordsee, Weltschifffahrtsweg und UNESCO Weltnaturerbe Wattenmeer.

ALLEINSTELLUNGSMERKMALE

Eine ausgezeichnete Kombination von herzlichem und persönlichem Service, Genuss und Wellness. Restaurants mit Panoramablick auf Nordsee und Weltschifffahrtsweg sowie die sprichwörtliche Gesundheit aus dem Meer durch unser original *Nordsee-Thalasso-SPA* und großer Meerwasser-Badelandschaft.

GASTRONOMIE

Anzahl der Restaurants: 3

- *Panorama-Gourmet-Restaurant Sterneck:* 1 Michelin-Stern, 16 Gault&Millau Punkte, 8 Gusto-Pfannen, 3 Varta-Diamanten, 83 Punkte Hornstein-Ranking. Deutsche Küche mit französischen und spanischen Akzenten, prämierter Weinkeller.
- *Panorama-Restaurant Schaarhörn:* 2 Varta-Diamanten. Deutsche Küche mit mediterranen und asiatischen Einflüssen, hausgemachter Kuchen.
- *Ekendöns:* Rustikales Restaurant mit norddeutscher Küche.

WELLNESS

Größe des SPA: 850 m²

Ausstattung und Besonderheiten SPA: Zertifizierter original *Nordsee-Thalasso-SPA,* Meerwasser-Badelandschaft mit 4 Nordsee-Thermen, 3 Saunen und Tropic Lounge.

VERANSTALTUNGSRÄUME

Anzahl und Größe: 1 (bis 20 Personen)

FREIZEITANGEBOT

Geführte Wattwanderungen, Wattwagen zur Insel Neuwerk, Schiffstour zu Seehundbänken oder nach Helgoland, Golf, Reiten.

© Benjamin Monn

BAYERISCHER HOF ★★★★★

325,00 € bis 15.000,00 € Bayerischer Hof · Promenadeplatz 2-6 · 80333 München

T +49 89 21 20 900 *W* bayerischerhof.de

© Anja Wechsler

Gastgeberin:
Innegrit Volkhardt,
seit August 1992

AUSSTATTUNG UND FOKUS

Anzahl Zimmer & Suiten: 263 Zimmer, 74 Suiten

Fokus: Business/Wellness/Lifestyle

Kinderfreundlich: Ja

Hotelgruppe: Privatgeführt

PHILOSOPHIE DES HAUSES

Eine Welt für sich. Unser vielfach ausgezeichnetes Traditionsunternehmen ist seit 1897 im Besitz der Familie Volkhardt und zählt zu den führenden deutschen Hotels sowie zu *The Leading Hotels of the World* und *Preferred Hotels*. Mit anderen Worten: Gastfreundschaft hat bei uns eine lange Tradition.

ALLEINSTELLUNGSMERKMALE

Die Bewahrung der Tradition in Kombination mit neuen, zeitgenössischen Elementen. Die Lage und die Vielseitigkeit unseres Hauses sind einzigartig. Das Motto von Falk Volkhardt war: Niemand sollte das Hotel verlassen müssen, da es vielmehr eine kleine Stadt in der großen Stadt ist.

GASTRONOMIE

Anzahl der Restaurants: 5 (+6 Bars)

- *Atelier:* 3 Michelin-Sterne, 19 Gault&Millau Punkte. Kreative saisonale Gourmetküche.
- *Garden:* 15 Gault&Millau Punkte. Bewährte Klassiker, zeitgenössisch interpretierte Küche.
- *Palais Keller:* Bayerische Spezialitäten, modern interpretiert.
- *Trader Vic's:* Polynesische Spezialitäten.
- *Blue SPA:* Leichte Wellness-Küche.

WELLNESS

Größe des SPA: 1.300 m²

Ausstattung und Besonderheiten SPA: Pool, Dampfbad, Saunen, Solarium, Sonnenterasse, Fitnessstudio, umfangreiches Angebot an Behandlungen und Massagen.

VERANSTALTUNGSRÄUME

Anzahl und Größe: 40 (bis 2.500 Personen)

Veranstaltungstechnik: Modernste Konferenztechnik, Erfüllung aller technischen Anforderungen durch Partner Qualimero.

Spezielle Tagungs-Services: Imposantes Festsaal-Ensemble, klassische Salons, Dachgarten mit Blick auf die Frauenkirche, hauseigenes Kino (modernste Bild-und Tontechnik), alle Bars und Restaurants können gemietet werden.

FREIZEITANGEBOT

Astor@Cinema Lounge, Komödie im Bayerischen Hof, Night Club, Shopping- und Kunstpassage, Beauty Center, Coiffeur.

„In einem Hotel, das neben perfektem Service auch auf meine Gesundheit achtet, fühle ich mich wohl und sicher."
Michael Stich
Tennis-Legende, Stifter & Unternehmer

© Budersand

BUDERSAND ★★★★★ HOTEL – GOLF & SPA – SYLT

240,00 € bis 1.360,00 € Budersand Hotel – Golf & SPA – Sylt · Am Kai 3 · 25997 Hörnum/Sylt

T +49 4651 4607 0 *W* budersand.de

© Budersand

Gastgeber:
Marco Winter,
seit Oktober 2018

AUSSTATTUNG UND FOKUS

Anzahl Zimmer & Suiten: 55 Zimmer, 22 Suiten

Fokus: Wellness/Ferien/Lifestyle

Kinderfreundlich: Ja

Hotelgruppe: Privathotels Sylt GmbH

PHILOSOPHIE DES HAUSES

Besinnung auf das Wesentliche mit höchsten Qualitätsansprüchen. Ein Eiland der individuellen Erlebnisse und besonderen Emotionen. Mit Freundlichkeit, Herz und Seele sind wir gemeinsam mit unseren Gästen *Budersand*.

ALLEINSTELLUNGSMERKMALE

Das Fünf-Sterne-Superior-Hotel *Budersand* in Hörnum, dem ruhigen Süden Sylts, verbindet eindrucksvolle Architektur, beispiellosen Genuss und unzählige Entspannungsmöglichkeiten. Der Aufenthalt direkt am Meer wird zu einem besonderen Erlebnis für Ihre Sinne.

GASTRONOMIE

Anzahl der Restaurants: 3

- *Restaurant KAI3:* 1 Michelin-Stern, 15 Gault&Millau Punkte. Gourmetrestaurant »Nordic Fusion«.
- *Restaurant Strönholt:* Traumhafter Ausblick über die Nordsee – das Beste an Fisch und Fleisch.
- *Vinothek.budersand:* Hochwertige Fleisch- und Fischprodukte vom Grill.

WELLNESS

Größe des SPA: 1.000 m^2

Ausstattung und Besonderheiten SPA: Verschiedene Saunen, ein Dampfbad, ein großes Schwimmbad, mehrere Behandlungsräume und eine Frischluftterasse.

VERANSTALTUNGSRÄUME

Anzahl und Größe: 5 (bis 120 Personen)

Veranstaltungstechnik: Multifunktionales Whiteboard mit Touchscreen, Beamer, Leinwand und Flipchart.

Spezielle Tagungs-Services: Individuelle Betreuung, Tagespauschalen und individuelle Angebote an außergewöhnlichen Orten mit der Organisation von Erlebnissen.

FREIZEITANGEBOT

33 km Strand vor der Tür, Naturwanderungen, Wassersportmöglichkeiten, Deutschlands bester Golfplatz (Golf Award/Golf Magazin 2020), Yachthafen, Radfahren.

© Robpixx

BURG STAUFENECK ★★★★★

130,00 € bis 480,00 € Burg Staufeneck · 73084 Salach

T +49 7162 933 440 *W* burg-staufeneck.de

© Ann-Kathrin Schurr

Gastgeber:
Klaus Schurr,
seit 1990

AUSSTATTUNG UND FOKUS

Anzahl Zimmer & Suiten: 41 Zimmer, 3 Suiten

Fokus: Business/Family/Wellness/Ferien/Lifestyle

Kinderfreundlich: Ja

Hotelgruppe: Familienunternehmen

PHILOSOPHIE DES HAUSES

Burg Staufeneck wird von den Gastgeberfamilien Schurr und Straubinger mit Bodenständigkeit, Kreativität, langjähriger Erfahrung und der besonderen Leidenschaft geführt, die man für die Gastronomie und Hotellerie braucht, um den Gästen jeden Tag etwas Besonderes bieten zu können.

ALLEINSTELLUNGSMERKMALE

Staufische Burg seit 1080 mit einzigartigen Eventlocations auf dem Burggelände sowie einem atemberaubenden Wellnessbereich. Kulinarisch bleiben keine Wünsche offen, ob im Gourmet- oder Burgrestaurant mit einer Weinkarte mit knapp 1.000 Positionen.

GASTRONOMIE

Anzahl der Restaurants: 3

- *Gourmetrestaurant fine dining RS:* 16 Gault&Millau Punkte, 8 Gusto-Pfannen, 4 Varta-Hauben, 3,5 Feinschmecker-Punkte. Innovativ, klassisch, modern interpretiert by Markus Waibel.
- *Burgrestaurant oifach andersch:* Schwäbische Küche – klassisch, kreativ und asiatisch inspiriert.
- *Sky View Bar:* Klassiker, Wein und Ausblick.

WELLNESS

Größe des SPA: 750 m²

Ausstattung und Besonderheiten SPA: Beheizter Infinity Pool, Blocksauna, Laconium, Solestollen, Aromagrotte, Tepidarium, Fitnessraum, Massagen, *Granderwasser®*.

VERANSTALTUNGSRÄUME

Anzahl und Größe: 8 (bis 140 Personen)

Veranstaltungstechnik: modernste Veranstaltungs- und Tagungstechnik.

Spezielle Tagungs-Services: Events jeglicher Art: Hochzeiten, Tagungen, Firmen- und Familienfeiern, Catering-Service für 2 bis 5.000 Personen.

FREIZEITANGEBOT

Private Putting Green, Fahrradverleih, Mountainbiketouren, Rundwanderwege, Museen, Besuch der Weinregion Stuttgart.

GUILDFORD

COLOMBI HOTEL ★★★★★

215,00 € bis 1.650,00 € Colombi Hotel · Am Colombi Park · Rotteckring 16 · 79098 Freiburg

T +49 761 2106 0 *W* colombi.de

© Colombi Hotel

Gastgeber:
Michael-Stephan Sänger,
seit 2003

AUSSTATTUNG UND FOKUS

Anzahl Zimmer & Suiten: 47 Zimmer, 55 Suiten

Fokus: Business/Family/Wellness/Ferien/Lifestyle

Kinderfreundlich: Ja

Hotelgruppe: The Leading Hotels of the World, Ltd.

PHILOSOPHIE DES HAUSES

Regional verbunden und der Welt geöffnet – das *Colombi Hotel* bietet seinen Gästen »a home away from home«. Großzügigkeit, luxuriöse Behaglichkeit und exzellenter, freundlicher Service werden in unserem Hotel Ihre ständigen Begleiter sein.

ALLEINSTELLUNGSMERKMALE

Einmalige Lage am Rand der Altstadt von Freiburg im Dreiländereck (Deutschland-Frankreich-Schweiz). Idealer Ausgangspunkt für einen Trip in den Schwarzwald, den Kaiserstuhl, das Markgräflerland und das Elsass.

GASTRONOMIE

Anzahl der Restaurants: 4

- *Zirbelstube und Falkenstube:* 16 Gault&Millau Punkte. Gourmetrestaurant.
- *Hans Thoma Stube:* Regionale Küche.
- *Graf Anton:* Café, Confiserie und Bistro.

WELLNESS

Größe des SPA: 200 m²

Ausstattung und Besonderheiten SPA: Pool, Sauna, Dampfbad, Fitnessraum, Friseur und Beauty-Anwendungen.

VERANSTALTUNGSRÄUME

Anzahl und Größe: 6 (bis 250 Personen)

Spezielle Tagungs-Services: Sekretariats-Service, Event Planner, Incentive Planner.

FREIZEITANGEBOT

Fahrrad- und Mietwagenverleih, Stadtführungen und Rundfahrten, Golfplatz und Tennisplatz in der Nähe.

LIFE IS GRAND!
Luxury Travel. City Trips. Außergewöhnliche Hotels. Einzigartige Hideaways. Getestet und ausgewählt vom Travel Insider Carsten K. Rath.
TRAVEL GRAND
grandios reisen.
Buchen Sie hier Ihre Luxusreise:
TRAVELGRAND.CH · REISEN@TRAVELGRAND.CH
TRAVELGRAND.CH/REISEANFRAGE · +49 170 7047036

DAS TEGERNSEE

265,00 € bis 1.495,00 € Das Tegernsee · Neureuthstraße 23 · 83684 Tegernsee

T +49 8022 182 0 *W* dastegernsee.de

© Das Tegernsee

Gastgeber:
Sven Scheerbarth,
seit 2011

AUSSTATTUNG UND FOKUS

Anzahl Zimmer & Suiten: 79 Zimmer, 13 Suiten

Fokus: Business/Wellness/Lifestyle

Kinderfreundlich: Ja

Hotelgruppe: HIDEAWAYS HOTELS

PHILOSOPHIE DES HAUSES

Einen unvergleichlich schönen Aufenthalt an einem Ort zwischen Himmel und Erde zu gestalten, ist die Mission des Hauses. Hoch über dem Tegernseer Tal genießt der Gast eine einzigartige Melange aus Lifestyle und leisem Luxus, Historie und Moderne, Individualität und Qualität.

ALLEINSTELLUNGSMERKMALE

Inmitten atemberaubender Natur, nur 50 km von München entfernt, befindet sich ein besonderer Ort: Erleben Sie ein Hotel mit fünf stilvollen Wohnwelten, einem reichen gastronomischen Angebot, einer einzigartigen Wellnesslandschaft und vielfältigen Veranstaltungsmöglichkeiten.

GASTRONOMIE

Anzahl der Restaurants: 3 (+1 Bar)

- *Restaurant Senger mit Terrasse:* Gehobene Esskultur, feinste Küche, moderne Klassik, elegantes Ambiente.
- *Alpenbrasserie:* Kulinarische Vielfalt der Alpenländer, kreative Umsetzung, legere Atmosphäre, Lifestyle-Restaurant.
- *Biergarten:* Typisch Regionales, Herzstück bayerischer Lebensfreude, bester Blick auf See und Alpenvorland.

WELLNESS

Größe des SPA: 2.400 m²

Ausstattung und Besonderheiten SPA: Panorama-Sauna vor Traumkulisse, Themen-Saunen, Indoor und Outdoor Pool, Sonnenterrassen, Ruheraum mit Kamin, Fitnesslounge.

VERANSTALTUNGSRÄUME

Anzahl und Größe: 9 (bis 400 Personen), historischer Barocksaal, Sonnenplateau, Atrium.

Veranstaltungstechnik: Moderne Technik, See- oder Bergblick, Terrassen, großzügige Deckenhöhen, attraktive Pausen- und Empfangsflächen.

Spezielle Tagungs-Services: Geschäftlicher oder privater Event, repräsentative Tagung, inspirierendes Meeting, glanzvolles Galadinner oder stilvolle Hochzeit – vor dem Panorama des Tegernseer Tals.

FREIZEITANGEBOT

Tegernseer Tal und Umgebung: eine Region, die für Erholung, Erlebnis, Kultur und Genuss steht. Rad- und Wanderwege direkt vom Hotel aus.

© Öschberghof

DER ÖSCHBERGHOF ★★★★★

186,00 € bis 650,00 € Der Öschberghof · Golfplatz 1 · 78166 Donaueschingen

T +49 771 84 606 *W* oeschberghof.com

© Öschberghof

Gastgeber:
Alexander Aisenbrey,
seit Januar 2003

AUSSTATTUNG UND FOKUS

Anzahl Zimmer & Suiten: 110 Zimmer, 16 Suiten

Fokus: Business/Wellness/Ferien/Lifestyle

Kinderfreundlich: Ja

Hotelgruppe: Individuell

PHILOSOPHIE DES HAUSES

Wir begeistern unsere Gäste durch einzigartige, unvergessliche und persönliche *Öschberghof*-Momente. Wir verkaufen keine Zimmer, sondern schaffen außergewöhnliche Erlebnisse. Das weitläufige Resort bietet den perfekten Mix aus SPA, Golf, kulinarischen Genüssen und Business.

ALLEINSTELLUNGSMERKMALE

Über 380 Mitarbeiterinnen und Mitarbeiter lassen das Resort zu einem einzigartigen Hideaway erstrahlen. 126 großzügige Wohlfühlzimmer, 45-Loch-Golfanlage (drei Gehminuten vom Hotel), 5.500 m² SPA & Gym, vier Restaurants, Fine Dining mit einem Michelin-Stern, gute Erreichbarkeit.

GASTRONOMIE

Anzahl der Restaurants: 4 (+2 Bars)

- *Ösch Noir:* 1 Michelin-Stern, 14 Gault&Millau Punkte. Fine Dining Restaurant mit französischen Einflüssen.
- *Esszimmer:* Nationale und internationale Küche.
- *Hexenweiher:* Italienische Küche.
- *Öventhütte:* Alpenländisch rustikale Küche.
- *Bar, Tagesbar* alias *Wohnzimmer* und *SPA Bistro.*

WELLNESS

Größe des SPA: 5.500 m²

Ausstattung und Besonderheiten SPA: 6 Saunen, 3 Dampfbäder, Salzraum, Eis Lounge, Indoor Pool, Infinity Outdoor Pool, Sport- und Fitnessareal.

VERANSTALTUNGSRÄUME

Anzahl und Größe: 7 (bis 618 Personen)

Veranstaltungstechnik: Modernste technische Ausstattung aller Räume, Festsaal mit speziellen Akustikpaneelen.

Spezielle Tagungs-Services: Persönliche Tagungsbetreuung, innovative Kaffeepausen, viel Fläche für Teambuilding (Indoor und Outdoor), vielfältiges Rahmenprogramm.

FREIZEITANGEBOT

Eigene 45-Loch-Golfanlage, E-Bike-Verleih, geführte Wanderungen, Business Center, Kinderspielzimmer, Transfer Stadt/Flughafen uvm.

Mühldorfer
WIR MACHEN BETTEN SEIT 1919
Fabrikation: 94145 Heidmühle
Made in Germany

EMMERICH HOTEL GÖRLITZ

105,00 € bis 135,00 € Emmerich Hotel Görlitz · Untermarkt 1 · 02826 Görlitz

T +49 3581 766 600 *W* emmerich-hotel.net

© Christian Weise

Gastgeber:
Christian Weise
und Bas Dankers,
seit 2014

AUSSTATTUNG UND FOKUS

Anzahl Zimmer & Suiten: 12 Zimmer, 3 Suiten

Fokus: Business/Family/Ferien/Lifestyle

Kinderfreundlich: Ja

Hotelgruppe: Keine

PHILOSOPHIE DES HAUSES

Das *Emmerich* vermittelt ein Gefühl, das wir als Reisende zelebrieren: Die Sehnsucht nach dem Anderen, einer Eigenart, die uns begeistert. Das Hotel verbindet Historie mit einer Idee von etwas Neuem, wir schätzen Individualität und Qualität und möchten dies weitergeben.

ALLEINSTELLUNGSMERKMALE

Direkt am historischen Untermarkt gelegen, bietet Ihnen das *Emmerich* mit seinem Restaurant *Horschel* einen unvergesslichen Aufenthalt. Individuelle Zimmer laden zum Verweilen ein. Der aufmerksame Service unserer Mitarbeiter und unsere Liebe zum Detail wird Ihnen im ganzen Haus begegnen.

GASTRONOMIE

Anzahl der Restaurants: 1 (+1 Bar)

- *Restaurant & Tagesbar Horschel:* Internationale Küche, regionale Zutaten, besonderes Ambiente und Terrasse am historischen Untermarkt.
- *Weinbar Benigna:* Lounge mit Kamin, Kulturgewächshaus, Terrassen unter den Laubengängen, Weinkeller, Szenetheater, Workshopräume.

VERANSTALTUNGSRÄUME

Anzahl und Größe: 3 (bis 100 Personen)

Veranstaltungstechnik: Standarttechnik (Beamer, Audio, Beleuchtung).

FREIZEITANGEBOT

Fahrradverleih, Stadtrundfahrt.

Excelsior Hotel Ernst

EXCELSIOR HOTEL ERNST ★★★★★

250,00 € bis 3.200,00 € Excelsior Hotel Ernst · Trankgasse 1-5 · 50667 Köln

T +49 221 270 1 *W* excelsiorhotelernst.com

© Dimi Katsavaris Photography

Gastgeber:
Georg Plesser,
seit 2020

AUSSTATTUNG UND FOKUS

Anzahl Zimmer & Suiten: 136 Zimmer, 29 Suiten

Fokus: Business/Family/Lifestyle

Kinderfreundlich: Ja

Hotelgruppe: The Leading Hotels of the World

PHILOSOPHIE DES HAUSES

Um unvergessliche Momente zu kreieren, stellen die Mitarbeiter die Philosophie des Hauses, »Ihre Individualität ist unsere Stärke«, täglich mit Leidenschaft unter Beweis. Dieser persönliche Service garantiert einen individuellen und einzigartigen Aufenthalt eines jeden Gastes.

ALLEINSTELLUNGSMERKMALE

Seit 1863 befindet sich das *Excelsior Hotel Ernst* im Herzen von Köln, vis-à-vis dem Kölner Dom. Das Haus gehört zu den wenigen Luxushotels weltweit, die sich im Familienbesitz befinden und verbindet auf stilvolle Weise Tradition und Moderne.

GASTRONOMIE

Anzahl der Restaurants: 2 (+1 Bar)

- *Hanse Stube:* Innovative, französische Gourmetküche mit regionalen Einflüssen.
- *taku:* 1 Michelin-Stern. Moderne Konzeption der »Asian Fusion« Küche, Fine Dining.

WELLNESS

Größe des SPA: 60 m²

Ausstattung und Besonderheiten SPA: Fitnessbereich, Dampfsauna, Trockensauna, Ruheraum.

VERANSTALTUNGSRÄUME

Anzahl und Größe: 8 (bis 200 Personen)

Veranstaltungstechnik: Standardtechnik, Erfüllung aller Anforderungen durch externen Partner.

Spezielle Tagungs-Services: Business Meetings, Produktpräsentationen, Konferenzen, Hochzeitsplaner, individuelle Räumlichkeiten.

FREIZEITANGEBOT

Stadtrundfahrt, Limousinen-Service, exklusive Besichtigung des Hohen Doms zu Köln.

FALKENSTEIN GRAND ★★★★★

225,00 € bis 1.250,00 € Falkenstein Grand · Debusweg 6-18 · 61462 Königstein im Taunus

T +49 6174 900 *W* brhhh.com/falkenstein-grand

© Broermann Health & Heritage Hotels

Gastgeber:
Dirk Schäfer,
seit April 2020

AUSSTATTUNG UND FOKUS

Anzahl Zimmer & Suiten: 81 Zimmer, 31 Suiten

Fokus: Business/Family/Wellness/Lifestyle

Kinderfreundlich: Ja

Hotelgruppe: Broermann Health & Heritage Hotels, Autograph Collection

PHILOSOPHIE DES HAUSES

Gesunder Lifestyle, der Körper, Geist und Seele in Einklang bringt, kulinarische Herzen höher schlagen lässt und die Einzigartigkeit eines besonderen Orts gefühlvoll in die Lebenswelt des Hauses einbettet – das ist *Falkenstein Grand.*

ALLEINSTELLUNGSMERKMALE

Business-Hideaway in der Heilklimazone des Taunus, mitten in Deutschland. Einzigartiger Blick auf die Skyline von Frankfurt am Main, weitläufiger Privatpark (6 ha) mit Hochzeitspavillon, Penthouse-Master-Suite mit Jacuzzi und eigener Sauna sowie privatem Außenbereich.

GASTRONOMIE

Anzahl der Restaurants: 1

- *Restaurant Landgut Falkenstein:* Frische und kreative Kompositionen, aromenreich und gesund. Das *Landgut*-Team verwöhnt beim Blick auf die Bankenmetropole Frankfurt am Main drinnen wie draußen mit nachhaltiger Cuisine, die den Fokus auf das Wesentliche legt.

WELLNESS

Größe des SPA: 1.200 m²

Ausstattung und Besonderheiten SPA: Outdoor Pool (ganzjährig beheizt), Personal Coaching, Ernährungs-Coaching, Yoga-Retreats, Gesundheits- und Lifestyle-Programme, Beauty- und SPA-Anwendungen.

VERANSTALTUNGSRÄUME

Anzahl und Größe: 9 (bis 200 Personen)

Spezielle Tagungs-Services: Health-Kulinarik und Open-Air-Angebote im Privatpark mit Blick auf die Skyline von Frankfurt.

FREIZEITANGEBOT

Biken, Wandern, Yoga, Fitness.

FRANKS ★★★★★

252,00 € bis 882,00 € Franks · Sachsenweg 11 · 87561 Oberstdorf

T +49 8322 7060 *W* hotel-franks.de

© Franks

Gastgeber:
Cora und Robert Frank, seit 1997

AUSSTATTUNG UND FOKUS

Anzahl Zimmer & Suiten: 69 Zimmer, 12 Suiten

Fokus: Family/Wellness/Ferien/Lifestyle

Kinderfreundlich: Ja

Hotelgruppe: Allgäu TopHotels

PHILOSOPHIE DES HAUSES

Wir sind ein familiäres Team individueller Charaktere, die als Gastgeber gemeinsam ein Ziel verfolgen: mit aufrichtigem und auch unkonventionellem Service magische Momente für unsere Gäste zu kreieren und sie damit zu Freunden vom *Franks* zu machen.

ALLEINSTELLUNGSMERKMALE

In einer einzigartigen Naturlandschaft im Allgäu bereiten wir unseren Gästen eine »Zeit bei Freunden«. Erlebnisse, an die man sich gerne erinnert, werden geschaffen durch den hohen Anspruch an uns selbst. Eine nachhaltig-bewusste Philosophie als Generationenprojekt ist uns dabei wichtig.

GASTRONOMIE

Anzahl der Restaurants: 3

- Insgesamt 230 Plätze in 3 Restaurants inkl. *Stübchen* im Allgäuer Stil und dem *Masilero* in modernem Ambiente. Kreative und jahreszeitliche 5-Gang-Abendmenüs – ehrlich, mit viel Bedacht und Hingabe zubereitet, aus regionalen, frischen Lebensmitteln.

WELLNESS

Größe des SPA: 1.800 m²

Ausstattung und Besonderheiten SPA: Schwimmbad (10 x 18 m), Saunalandschaft mit besonderen Ruheräumen, Natur-Pool, Fitnessraum, WellÉtage Rituale und SPA-Pakete.

VERANSTALTUNGSRÄUME

Anzahl und Größe: 4 (bis 90 Personen)

Veranstaltungstechnik: Standardtechnik, alle Räume mit Tageslicht, Gratis WLAN.

Spezielle Tagungs-Services: Ihr Austauschpunkt für Meetings, Seminare und kleine Veranstaltungen mit Kaffeepausen zum Freiatmen, Allgäuer Brotzeit, Outdoorerlebnisse, Wellness, Hüttenabende und mehr.

FREIZEITANGEBOT

Wochenprogramm: Wanderungen, Yoga, Schnuppergolf und mehr, E-Bike- und Mountainbike-Verleih, Oldtimer-Flotte, Hubschrauberflüge mit dem Chef.

Ihre Gäste verdienen ein besonderes Bier.
Radeberger Pilsner ist in der Hotellerie zu Hause! Ob frisch gezapft oder in der Minibar, Radeberger Pilsner sorgt für besondere Momente.
Radeberger Pilsner gratuliert allen Preisträgern!
Radeberger PILSNER
Das Pilsner.

FRASER SUITES HAMBURG ★★★★★

189,00 € bis 429,00 € Fraser Suites Hamburg · Rödingsmarkt 2 · 20459 Hamburg

T +49 40 380 86 36 888 *W* hamburg.frasershospitality.com/de

© Internal by Frasers

Gastgeber:
Olivier Briand,
seit Januar 2018

AUSSTATTUNG UND FOKUS

Anzahl Zimmer & Suiten: 24 Zimmer, 130 Suiten

Fokus: Business/Family/Lifestyle

Kinderfreundlich: Ja

Hotelgruppe: Frasers Hospitality. A member of Frasers Property Group

PHILOSOPHIE DES HAUSES

Frasers Hospitality gehört zu den weltweit führenden Hospitality-Anbietern, die unter Berücksichtigung der Lifestyle-Vorlieben der anspruchsvollen Reisenden von heute entwickelt wurden, um unvergessliche Erlebnisse zu bieten.

ALLEINSTELLUNGSMERKMALE

Unser 5-Sterne-Luxushotel befindet sich im ehemaligen Gebäude der historischen Oberfinanzdirektion, mitten im Herzen der Hansestadt. Alle Suiten, mit vollausgestatteter Küche und mit modernster Technik, ermöglichen auch längere Aufenthalte in historischem Ambiente mit modernem Twist.

GASTRONOMIE

Anzahl der Restaurants: 1

- *The Dining Room:* Im atemberaubenden Art Deco Restaurant weht ein Hauch von New York an der Elbe. Hier kocht Daniel Thompson seine elegante internationale Küche von Foie Gras Parfait über frische Seafoodplatten bis zu seinem Signature Rinderfilet »Hongkong Style« Surf & Turf.

WELLNESS

Ausstattung und Besonderheiten SPA: Fitness Suite, Trockensauna mit Ruheraum.

VERANSTALTUNGSRÄUME

Anzahl und Größe: 3 (bis 50 Personen)

Veranstaltungstechnik: ZOOM-Besprechungsraum für 25 Personen, TV-Monitore mit Videogerät.

FREIZEITANGEBOT

Kinderclub, Bibliothek, zwischen Alster und Hafen gelegen, nahe der Elbphilharmonie, am Fuße der eleganten Shoppingmeile Neuer Wall.

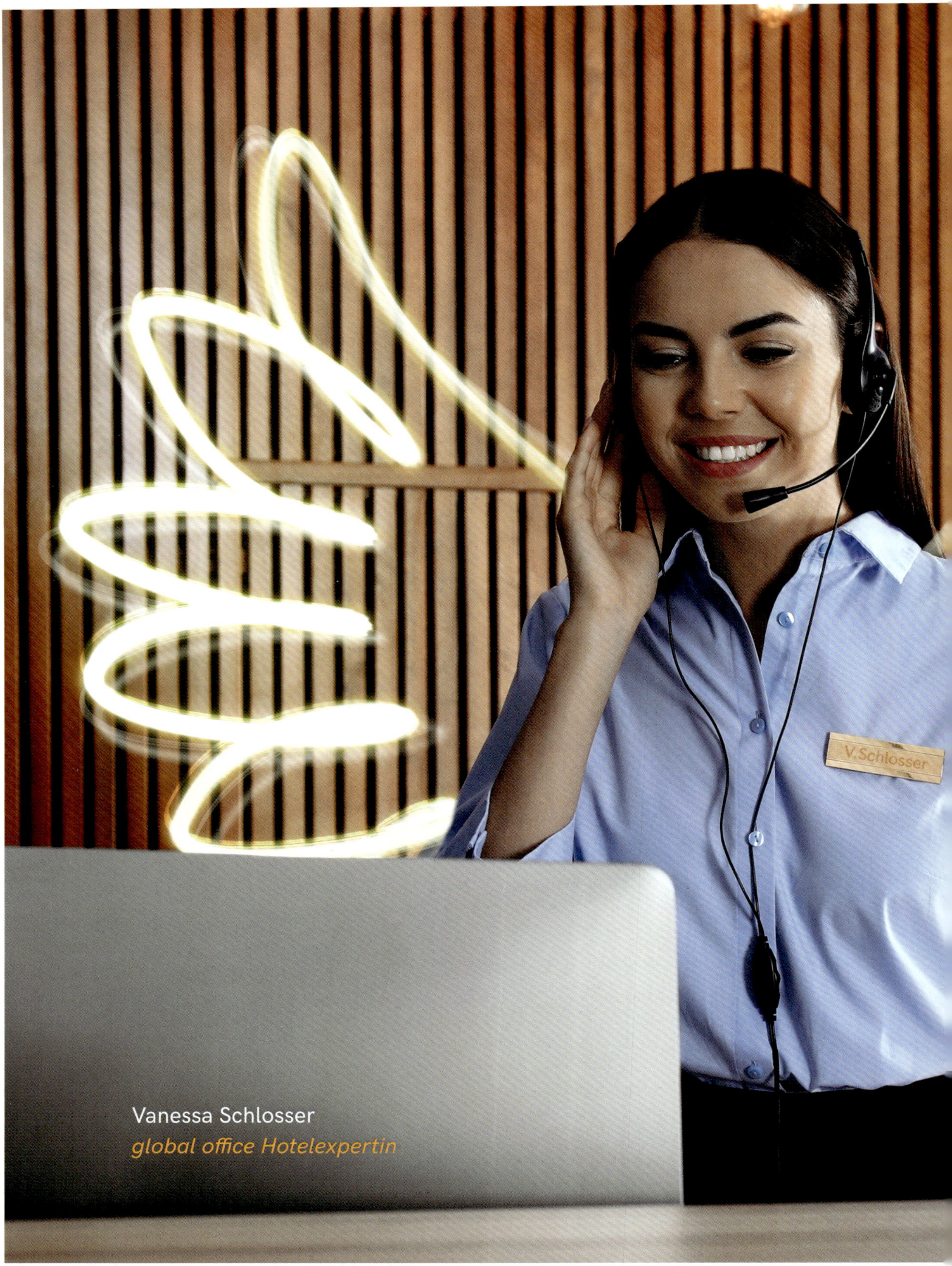

Vanessa Schlosser
global office Hotelexpertin

WAS HABEN DIE TOP 101 HOTELS GEMEINSAM?
ERREICHBARKEIT FÜR IHRE GÄSTE
Unsere speziell geschulten Hotelexperten übernehmen in Spitzenzeiten Ihren telefonischen Überlauf und sorgen somit für eine optimale Erreichbarkeit. Was Sie davon haben? Eine bessere Zimmerauslastung und zufriedene Hotelgäste. Ihr persönlicher Ansprechpartner freut sich, Sie individuell zu unserem Telefonservice zu beraten.
Mehr Informationen unter:
hotel.global-office.de/top-101
oder per Telefon:
+49 2602 950040
global office
DIE TELEFONENGEL

© Holger Martens

GRAND HOTEL HEILIGENDAMM

493,00 € bis 1980,00 € Grand Hotel Heiligendamm · Prof.-Dr.-Vogel-Straße 6 · 18209 Bad Doberan – Heiligendamm

T +49 38203 740 76 76 *W* grandhotel-heiligendamm.de

© Grand Hotel Heiligendamm

Gastgeber:
Thies C. Bruhn,
seit Mai 2019

AUSSTATTUNG UND FOKUS

Anzahl Zimmer & Suiten: 122 Zimmer, 77 Suiten

Fokus: Business/Family/Wellness/Ferien/Lifestyle

Kinderfreundlich: Ja

Hotelgruppe: The Leading Hotels of the World, Global Hotel Alliance

PHILOSOPHIE DES HAUSES

Das *Grand Hotel Heiligendamm* steht für stilvolle Gastlichkeit in Deutschland. Das einzigartige Anwesen mit großer Vergangenheit verbindet den nostalgischen Charme der Weißen Stadt am Meer mit den Annehmlichkeiten und dem Komfort eines Luxushotels für allerhöchste Ansprüche.

ALLEINSTELLUNGSMERKMALE

Exklusiver Service mit Liebe zum Detail, kombiniert in einer einzigartigen Lage mit direktem Strandzugang, machen uns zu einem der schönsten Luxusresorts in Europa. Eigene Kindervilla, vielseitiges Kulturprogramm, kulinarische Vielfalt, großzügiger SPA mit beheiztem Outdoor Pool.

GASTRONOMIE

Anzahl der Restaurants: 3 (+1 Bar)

- *Kurhaus Restaurant:* Kreative und leichte Küche mit regionalen Produkten.
- *Friedrich Franz:* 1 Michelin-Stern, 18 Gault&Millau Punkte. Fine Dining, klassisch französische Küche.
- *Shushi Bar:* Sushi, Sashimi und andere japanische Spezialitäten.
- *Nelson Bar:* Hausgefertigte Kuchen und Torten, kleine Gerichte.

WELLNESS

Größe des SPA: 3.000 m²

Ausstattung und Besonderheiten SPA: Ostsee Hamam, Indoor und Outdoor Pool, Fitness Center, Aquapädagogik, Yoga-Meister, Körper- und Gesichtsbehandlungen, Massagen.

VERANSTALTUNGSRÄUME

Anzahl und Größe: 8 (bis 250 Personen)

Veranstaltungstechnik: Standardtechnik, Erfüllung aller Anforderungen durch unseren Technikpartner.

Spezielle Tagungs-Services: Für jeden Anlass der passende Rahmen. Präsentationen, Meetings, Incentives, Bankette, Hochzeiten. Exklusiv buchbar.

FREIZEITANGEBOT

Golfen, Segeln, Stand-Up-Paddling, Kiten, Surfen, Radfahren, Wandern, Tennis, Reiten, vielseitiges Kultur- und Kinderprogramm.

GRAND HOTEL HEILIGENDAMM

© Grand Hotel Heiligendamm

© Olaf Haugwitz

Thies Bruhn

»DIE GÄSTE MÖCHTEN ÜBERRASCHT WERDEN«

Thies Bruhn war dreißig Jahre lang für die *Kempinski* Hotelgruppe tätig und leitet seit 2019 das *Grand Hotel Heiligendamm* an der Ostseeküste. Im Interview mit Carsten K. Rath spricht er über die Visionen des Hauses und die Auswirkungen der Corona-Krise.

Du warst die letzten zehn Jahre für die* Kempinski *Group in Slowenien. Wie fühlt es sich an, nach so vielen Jahren von der Adria an die Ostsee zu kommen?

Ich kenne dieses wunderschöne Ensemble aus meinen alten *Kempinski* Zeiten. Für mich ist das *Grand Hotel Heiligendamm* eines der schönsten Häuser in Europa. Vor sieben Jahren kaufte es ein guter Freund. Jetzt möchte ich ihm dabei helfen, dieses Hotel grundlegend zu restrukturieren und ganzheitlich auf den richtigen Weg zu bringen.

Dein Hotel in Slowenien zählte zu den besten Häusern in der Alpe Adria Region. Der Service war dort wirklich exzellent. Was nimmst du von dort mit?

© Holger Martens

Slowenien, insbesondere der *Kempinski Palace Portoroz* wird immer einen besonderen Platz in meinem Herzen einnehmen, immerhin war ich elf Jahre dort. Damals waren wir Pioniere: Nach der Eröffnung 2008 haben wir es geschafft, dieses Hotel in einem Land mit zwei Millionen Einwohnern zu einem der besten der Alpe Adria Region zu entwickeln. Ich nehme die Warmherzigkeit der Slowenen und viele Freundschaften mit. Ich bin sehr dankbar, dass ich elf Jahre in diesem wunderschönen Land leben durfte.

Nun befinden wir uns immer noch ein Stück weit in der Corona-Krise. Wie hast du die Zeit genutzt?

Wir waren zwei Monate im Lockdown. Natürlich habe ich mich regelmäßig mit meinem Team getroffen. Keiner wusste, wie es sein wird, wenn wir wieder öffnen dürfen. Ich hatte das große Glück, dass ich mit meinen Kollegen in Österreich und in der Schweiz sprechen konnte. Sie waren im Zeitfenster drei Wochen vor Deutschland und teilten entsprechende Erfahrungswerte mit uns. Ich denke, dass wir vieles richtig gemacht haben. Die Gäste fühlen sich bei uns sicher. Ein großer Vorteil ist die Lage, das weiträumige Gelände. Im Inneren des Hotels arbeiten wir zum Beispiel mit verschiedenen Sitzungszeiten. Gerade beim Frühstück gibt es eine erste und zweite Sitzung. Das ist natürlich etwas personalintensiver, dient aber der Sicherheit des Gastes.

In den letzten Jahren hattet ihr einige Schwierigkeiten zu verdauen, aber ich habe den Eindruck, dass ihr das sehr gut gemeistert habt. Wie gelingt es euch, wieder eine Anzahl von Stammgästen aufzubauen, damit das Haus auch betriebswirtschaftlich wieder erfolgreich wird?

© Olaf Haugwitz

Die Gäste hatten nicht immer die Privatsphäre, die sie sich von diesem Hotel gewünscht haben. Das Problem ist nun gelöst, nur der Gast hat Zutritt zu unserem Hotel. Im Sommer besuchen uns viele Familien mit Kindern. Sie genießen jetzt die Privatsphäre und Erholung, die sie sich wünschen. Von dir habe ich außerdem gelernt, dass Service Excellence und Kreativität wichtige Erfolgsfaktoren sind. Die heutigen Gäste möchten positiv überrascht werden. Ich bin der Meinung, dass große Hotels nicht immer steif sein müssen. Wir beide haben für den Visionär Reto Wittwer gearbeitet. Er hat immer gesagt: »Du musst in die Zukunft schauen«. Genau das setzen wir hier um. Die Gäste erleben und spüren die Zukunft bereits jetzt. Wir agieren sehr kreativ, sehr innovativ und visionär.

Welche Ideen gibt es, das Hotel in ein richtiges Resort umzugestalten? Heiligendamm soll in naher Zukunft zu den Hamptons der Ostsee werden.

Wir werden die Zukunft des Grand Hotels natürlich in Abstimmung mit den Gründern des Hauses, Familie Jagdfeld, und gemeinsam mit den jetzigen Inhabern, Familie Morzynski, gestalten. Herr Jagdfeld besitzt das Restaurant *Medinies* mit italienischer Spitzenküche in unmittelbarer Nähe des Hotels und einen großartigen Golfplatz. Für mich als passionierten Golfer ist es eines der schönsten Golf Resorts in Deutschland.

Eure Belegungen sind nach Corona besser denn je. Zahlt sich die Krise für den Hotelmarkt an der Ostsee aus?

Ich denke, dass sich der Hotelmarkt konsolidieren wird. Ich glaube aber auch, dass Hotels profitieren, die großzügige Räume haben wie das *Grand Hotel Heiligendamm* oder *Schloss Elmau* in Bayern. Ob es nun unbedingt die Ostsee oder die Nordsee sind, die profitieren, darüber kann man diskutieren. Natürlich freuen sich die Gäste über einen freien Blick aufs Meer. Mein Ziel ist es, dass wir bald in einem Atemzug mit den Großen in Europa genannt werden und zu den Top Fünf in Deutschland gehören.

GRAND HOTEL SEESCHLÖSSCHEN

GRAND HOTEL SEESCHLÖSSCHEN ★★★★★

139,00 € bis 769,00 € Grand Hotel Seeschlösschen SPA & Golf Resort · Strandallee 141 · 23669 Timmendorfer Strand

T +49 4503 601334 *W* seeschloesschen.de

© Seeschlösschen

Gastgeber:
Brigitte und Rohlf von Oven, seit 1981

AUSSTATTUNG UND FOKUS

Anzahl Zimmer & Suiten: 99 Zimmer, 23 Suiten

Fokus: Ferien/Wellness/Family/Business

Kinderfreundlich: Ja

Hotelgruppe: Keine

PHILOSOPHIE DES HAUSES

Wir möchten für unsere Gäste ein zweites Zuhause am Meer sein und mit unserem Team in der Handschrift eines familiengeführten Hotels wunderschöne Urlaubserinnerungen schaffen.

ALLEINSTELLUNGSMERKMALE

Das *Grand Hotel Seeschlösschen SPA & Golf Resort* ist das einzige Fünf-Sterne-Hotel mit direkter Strandlage in Timmendorfer Strand. Als privatgeführtes Haus ist jedes der überdurchschnittlich großen Zimmer (ca. 45 m^2) individuell durch die Inhaberfamilie gestaltet.

GASTRONOMIE

Anzahl der Restaurants: 3

- Unser Frühstück servieren wir in unserem Restaurant *La Mer* oder auf der *Seeterrasse*. Das À-la-carte-Restaurant *Panorama* reicht von der französischen Küche bis zu internationalen Köstlichkeiten und im *Grill Seesteg* erhalten Sie Variationen von Grillspezialitäten.

WELLNESS

Größe des SPA: 2.300 m^2

Ausstattung und Besonderheiten SPA: Innen- und Meerwasseraußenpool, Whirlpool, Fitnessraum, Saunen sowie SPA-Bereich mit Massage und Kosmetikanwendungen.

VERANSTALTUNGSRÄUME

Anzahl und Größe: 7 (bis 120 Personen)

Spezielle Tagungs-Services: Anfragen für Gruppen und Tagungen werden individuell und persönlich erarbeitet. Wir bieten Räumlichkeiten bis zu 150 m^2 auf 3 Ebenen.

FREIZEITANGEBOT

Golf, Farradtouren, Wassersport, Spaziergänge am Meer.

GRAND HYATT BERLIN ★★★★★

180,00 € bis 4.000,00 € Grand Hyatt Berlin · Marlene-Dietrich-Platz 2 · 10785 Berlin

T +49 30 255 312 34 *W* grandhyattberlin.com

© Hyatt International Corporation

Gastgeber:
Jan Peter van der Ree,
seit 2017

AUSSTATTUNG UND FOKUS

Anzahl Zimmer & Suiten: 321 Zimmer, 21 Suiten

Fokus: Business/Lifestyle

Kinderfreundlich: Ja

Hotelgruppe: Hyatt

PHILOSOPHIE DES HAUSES

»We care for people so they can be their best.« Wir bieten ein Arbeitsumfeld, in dem unsere Mitarbeiter Freunde werden. Jeden Tag schenken wir unseren Gästen unsere Zuwendung. Diese Zuwendung ist das Herz unseres Geschäfts, und dieses Erlebnis ist für unsere Gäste unverwechselbar.

ALLEINSTELLUNGSMERKMALE

Entdecken Sie Kunst und Design internationaler Künstler in den eleganten Zimmern und Suiten. Mit Blick über Berlin lädt der luxuriöse SPA zum Entspannen ein und die facettenreichen Restaurants zu kulinarischen Höhepunkten.

GASTRONOMIE

Anzahl der Restaurants: 3 (+3 Bars)

- *Vox Restaurant & Bar:* Asiatisch inspirierte moderne Küche und authentisches japanisches Sushi Restaurant.
- Tizian Restaurant: Klassiker und Neuinterpretationen der italienischen Küche.
- *Jamboree Bar:* Urbane Bar im Achtzigerjahre-Stil mit ausgefallenen Cocktails und Snacks.

WELLNESS

Größe des SPA: 800 m^2

Ausstattung und Besonderheiten SPA: Pool und Terrasse mit Blick über Berlin, Fitness Center, Schönheitsbehandlungen, Massagen, Körper- und Gesichtsbehandlungen.

VERANSTALTUNGSRÄUME

Anzahl und Größe: 9 (bis 850 Personen)

Veranstaltungstechnik: Erfüllung aller technischen Anforderungen durch Technikpartner KFP, Tageslicht in allen Räumen.

Spezielle Tagungs-Services: Meetings, Incentives, Konferenzen, Hochzeiten und andere private Veranstaltungen, Hyatt Catering mit individuellem Speisekonzept, Autopräsentationen möglich.

FREIZEITANGEBOT

Business Center, Club Olympus SPA und Fitness, Potsdamer Platz, Vergünstigungen für Philharmonie.

GRANDHOTEL HESSISCHER HOF ★★★★★

ab 250,00 € Grandhotel Hessischer Hof · Friedrich-Ebert-Anlage 40 · 60325 Frankfurt am Main

T +49 6173 327 0923 *W* grandhotel-hessischerhof.com

© Fotostudio Das Atelier Mainz

Gastgeber:
Dominik Ritz,
seit Januar 2020

AUSSTATTUNG UND FOKUS

Anzahl Zimmer & Suiten: 83 Zimmer, 38 Suiten

Fokus: Business/Family/Wellness/Ferien/Lifestyle

Kinderfreundlich: Ja

Hotelgruppe: Unternehmensgruppe Prinz von Hessen

PHILOSOPHIE DES HAUSES

Die Unternehmensgruppe *Prinz von Hessen* verbindet Tradition mit Moderne und bietet unverwechselbare Erlebnisse und Produkte. Unser Handeln ist von Authentizität, Loyalität und Freundlichkeit geprägt und auf wirtschaftlich langfristigen Erfolg ausgerichtet.

ALLEINSTELLUNGSMERKMALE

Das luxuriöse Fünf-Sterne-Hotel in Frankfurt ist das einzige privat geführte Luxushotel der Stadt. Kostbare Gemälde, antike Möbel, edle Stoffe und Teppiche prägen das Ambiente des Hotels, eine gelungene Verbindung von Tradition und Moderne.

GASTRONOMIE

Anzahl der Restaurants: 1 (+1 Bar)

- *Restaurant Sèvres:* 13 Gault&Millau Punkte. Moderne, leichte und raffinierte Küche. Mit hochwertigen regionalen und frischen Produkten zubereitet, kreiert das Küchenteam ausdrucksstarke Kompositionen.
- *Jimmy's Bar:* Die Frankfurter Barlegende ist weit über die Stadtgrenzen bekannt.

WELLNESS

Größe des SPA: 250 m^2

Ausstattung und Besonderheiten SPA: Von der Sokai Signature Massage über traditionelle Massagen bis hin zu Beauty-Behandlungen und medizinischen Behandlungen.

VERANSTALTUNGSRÄUME

Anzahl und Größe: 11 (bis 825 Personen)

Veranstaltungstechnik: Mit unserem Technikpartner verwirklichen wir die individuellen Anforderungen unserer Kunden.

Spezielle Tagungs-Services: Die Erwartungen und Wünsche unserer Gäste definieren unseren Service.

Fotograf Iris Velghe • Design LUMA

HOTEL AM STEINPLATZ ★★★★★

220,00 € bis 450,00 € Hotel am Steinplatz · Steinplatz 4 · 10623 Berlin

T +49 30 55 44 44 63 00 *W* hotelsteinplatz.com

© Murat Yildirim

Gastgeber:
Andrea Ludy,
seit Juli 2020

AUSSTATTUNG UND FOKUS

Anzahl Zimmer & Suiten: 68 Zimmer, 19 Suiten

Fokus: Business/Lifestyle

Kinderfreundlich: Ja

Hotelgruppe: Autograph Collection, Marriott International

PHILOSOPHIE DES HAUSES

Ein Juwel der Berliner Hotelgeschichte mit Seele und großer Persönlichkeit. Von den Zwanzigerjahren inspiriert und modern interpretiert – hier trifft Leidenschaft auf Perfektion. Eine private Atmosphäre, kreative Küche, innovative Drinks und ein exklusiver Service stehen für uns.

ALLEINSTELLUNGSMERKMALE

Das Boutique Hotel mit Jugendstil-Charme unweit vom Kurfürstendamm nimmt Sie mit auf eine kulinarische Reise im *Restaurant am Steinplatz* oder zu einem Drink in der vielfach ausgezeichneten *Bar am Steinplatz.* Die unverwechselbare Kreativität und Innovation sucht überall ihresgleichen.

GASTRONOMIE

Anzahl der Restaurants: 1

- *Restaurant am Steinplatz:* Erleben Sie Klarheit und Konzentration mit saisonal-regionaler Küche – höchstes Handwerk und ausgezeichnete Produkte aus Deutschland, vereint mit Einflüssen der Aromenvielfalt der Nordic Cuisine. Eine Geschmacksreise, die natürlich begeistert.

WELLNESS

Größe des SPA: 330 m^2

Ausstattung und Besonderheiten SPA: Fitness Center, Sauna, Massagen, Körper- und Gesichtsbehandlungen.

VERANSTALTUNGSRÄUME

Anzahl und Größe: 2 (bis 70 Personen)

Veranstaltungstechnik: Standardtechnik, Erfüllung aller technischen Anforderungen durch unseren externen Dienstleister.

Spezielle Tagungs-Services: Ob Meetings, Incentives, Konferenzen oder Hochzeiten und andere private Feiern, bei uns sind Sie richtig. Genießen Sie Ihre Pausen oder ein BBQ Event in unserem Innenhof.

FREIZEITANGEBOT

Berliner Zoo und Kurfürstendamm fußläufig erreichbar.

HOTEL ATLANTIC HAMBURG ★★★★★

180,00 € bis 3.000,00 € Hotel Atlantic Hamburg · An der Alster 72-79 · 20099 Hamburg

T +49 40 2888 0 *W* brhhh.com/atlantic-hamburg

© Atlantic

Gastgeber:
Franco Esposito,
seit Januar 2016

AUSSTATTUNG UND FOKUS

Anzahl Zimmer & Suiten: 188 Zimmer, 33 Suiten

Fokus: Business/Family/Wellness/Lifestyle

Kinderfreundlich: Ja

Hotelgruppe: Broermann Health & Heritage Hotels

PHILOSOPHIE DES HAUSES

Das *Hotel Atlantic* ist Ausgangspunkt für den Aufbruch in die Welt. Hier beginnt die Reise in ferne Länder, hier ist das Zentrum einer weltoffenen Gesellschaft, hier verbindet sich Hamburger Tradition mit Weitblick und Gestaltungswillen.

ALLEINSTELLUNGSMERKMALE

Die Historie des *Hotel Atlantic* erzählt eine Geschichte des Reisens, des Entdeckens und des Aufbruchs. Darum trifft sich hier seit über 100 Jahren eine Gesellschaft, die sich ganz bewusst, ganz aktiv zur Welt hin öffnet, um sich von all ihren Einflüssen inspirieren zu lassen.

GASTRONOMIE

Anzahl der Restaurants: 2

- *Atlantic Restaurant:* Geprägt von einer inspirierenden Fusionsküche, die regionale Klassiker mit internationalen Einflüssen verbindet.
- *Atlantic Grill & Health:* Moderne Grillspezialitäten, vegetarische und vegane Gerichte für den »Healthy Lifestyle« mit Fokus auf die Region.

WELLNESS

Größe des SPA: 470 m²

Ausstattung und Besonderheiten SPA: Finnische Sauna oder sanfte Infrarot-Kabine, beheizter Indoor Pool (12,5 x 7 m), Fitnessraum, SPA und Massage.

VERANSTALTUNGSRÄUME

Anzahl und Größe: 14 (bis 900 Personen)

Veranstaltungstechnik: State-of-the-art.

Spezielle Tagungs-Services: *PrivateMax* – Privatkino im Grand Hotel: Auf 35 m² ist ein komplett ausgestatteter Multiplex-Kinoraum realisiert, der bis zu 12 Zuschauern Platz bietet.

FREIZEITANGEBOT

Gelegen direkt an der Außenalster, mit weitreichenden Optionen für Outdoor-Aktivitäten.

© Hotel Deimann

HOTEL DEIMANN ★★★★★

145,00 € bis 300,00 € Hotel Deimann · Alte Handelsstraße 5 · 57392 Schmallenberg

T +49 2975 810 *W* deimann.de

© Franz-Hermann Henneke

Gastgeber:
Andreas Deimann,
seit 2011
Familie Deimann,
seit 1917

AUSSTATTUNG UND FOKUS

Anzahl Zimmer & Suiten: 92 Zimmer, 3 Suiten

Fokus: Ferien/Wellness/Family

Kinderfreundlich: Ja

Hotelgruppe: Romantikhotels, Wellness-Hotels & Resorts, L'Art de Vivre, Private Selection

PHILOSOPHIE DES HAUSES

Herzliche, familiäre Gastfreundschaft auf höchstem Niveau und aus Leidenschaft heraus leben wir gemeinsam mit unserem Team. Eine Symbiose aus gelebter Tradition und modernem, zeitgemäßem und nachhaltigem Angebot, welches wir ständig zum Wohl unserer Gäste weiterentwickeln!

ALLEINSTELLUNGSMERKMALE

4.000 m² Wellness- und Fitnessbereich, familiäre und persönliche Atmosphäre, 27-Loch-Panorama-Golfplatz, Sterne-Restaurant *Hofstube Deimann*, ausgedehntes Gebiet für Wander-, Bike- und Skiunternehmungen, mietbare Sportwagen.

GASTRONOMIE

Anzahl der Restaurants: 4

- *Parkrestaurant:* Hausgäste-Restaurant für Frühstück und Halbpension.
- *Wintergarten:* À la carte, regional, saisonal, frisch.
- *Hofstube Deimann:* 1 Michelin-Stern, 16 Gault&Millau Punkte, 7 Gusto-Pfannen. Gourmet-Restaurant, modern, puristisch, französisch.
- *Golf Café Restaurant:* Bistroküche.

WELLNESS

Größe des SPA: 4.000 m²

Ausstattung und Besonderheiten SPA: 3 Schwimmbäder 30–35 °C, Saunalandschaft, Gradierwerk und Schiefer-Liegestollen, SPA mit 22 Behandlungsräumen.

VERANSTALTUNGSRÄUME

Anzahl und Größe: 3 (bis 250 Personen)

Veranstaltungstechnik: Full HD Beamer, motorische Leinwände, Beschallung inkl. Audioanschluss und Funkmikro, Videokonferenzen.

Spezielle Tagungs-Services: Individuell auf Anfrage.

FREIZEITANGEBOT

27-Loch-Panorama-Golfplatz, Tennisplatz, geführte Wanderungen und Bike-Touren, 500 m² Fitness- und Sportbereich, Indoor Golf, Alpin Ski, Langlauf.

© Hotel Dollenberg – Fabian Rudolph

HOTEL DOLLENBERG ★★★★★

256,00 € bis 469,00 € Hotel Dollenberg · Dollenberg 3 · 77740 Bad Peterstal-Griesbach

T +49 7806 780 *W* dollenberg.de

© Hotel Dollenberg

Gastgeber: Meinrad Schmiederer, seit 1970

AUSSTATTUNG UND FOKUS

Anzahl Zimmer & Suiten: 75 Zimmer, 25 Suiten

Fokus: Wellness/Ferien

Kinderfreundlich: Ja

Hotelgruppe: Relais & Châteaux

PHILOSOPHIE DES HAUSES

Mensch und Natur geben an diesem herrlichen Flecken Schwarzwald gleichermaßen ihr Bestes, um dem Gast den Himmel auf Erden zu bereiten. Mit Gipfelgenüssen aus der Zwei-Sterne-Küche, himmlischen Wellnessfreuden und paradiesischen Momenten zuvorkommender Gastfreundschaft.

ALLEINSTELLUNGSMERKMALE

Unser einzigartiges *Dollina SPA & Health* auf 5.000 m² mit sieben Pools, vier Saunen, drei Dampfbädern, drei Themen-Ruheoasen, dazu Gaumenfreuden aus der Sterne-Küche, alles vor der herrlichen Schwarzwaldkulisse mit Ausblick – ein Urlaub auf dem *Dollenberg* verspricht Erholung auf höchstem Niveau.

GASTRONOMIE

Anzahl der Restaurants: 4 (+1 Bar)

- *Le Pavillon:* 2 Michelin-Sterne, 3 Gault&Millau Hauben, 4 Feinschmecker-Fs, 5 Schlemmer Atlas Kochlöffel. Gourmetküche mit internationalen Einflüssen, prämierte Weinkarte.
- *Kaminstube:* Bib-Gourmand. Badisch-elsässische Küche.
- *Bauernstube:* Badisch-elsässische Küche.
- *Renchtalhütte:* Schwarzwälder, elsässer, französische Spezialitäten.

WELLNESS

Größe des SPA: 5.000 m²

Ausstattung und Besonderheiten SPA: 7 Pools, 4 Saunen, 3 Dampfbäder, 3 Themen-Ruheoasen, facettenreiche Wellness, fernöstliche Heilangebote.

VERANSTALTUNGSRÄUME

Anzahl und Größe: 2 (100-200 Personen)

Veranstaltungstechnik: Standardtechnik, Lautsprecheranlage, Mikrofon, Großbildschirm, spezielle Tagungstechnik auf Anfrage.

Spezielle Tagungs-Services: Meetings, Incentives, Konferenzen, Gestaltung eines Rahmenprogrammes mit Wanderungen oder Ausflügen, Hochzeiten, private Veranstaltungen, Amphitheater für 500 Personen.

FREIZEITANGEBOT

Geführte Wanderungen, geführte E-Bike-Touren, E-Bike-Verleih, Nordic-Walking, organisierte Ausflüge, SPA- und Fitnessprogramm.

HOTEL EUROPÄISCHER HOF HEIDELBERG ★★★★★

189,00 € bis 660,00 € Europäischer Hof Heidelberg · Friedrich-Ebert-Anlage 1 · 69117 Heidelberg

T +49 6221 515 501 *W* europaeischerhof.com

© Europäischer Hof Heidelberg

Gastgeberin:
Dr. Caroline von Kretschmann, seit 2012

AUSSTATTUNG UND FOKUS

Anzahl Zimmer & Suiten: 100 Zimmer, 18 Suiten

Fokus: Business/Wellness/Ferien/Lifestyle

Kinderfreundlich: Ja

Hotelgruppe: Feine Privathotels Deutschland

PHILOSOPHIE DES HAUSES

Unsere Vision ist es, das herzlichste Luxushotel Deutschlands zu sein. Der hingebungsvolle Service am Gast ist uns allen, die Sie hier umsorgen, ein echtes Herzensbedürfnis. Das macht den Zauber dieses Hauses aus und verleiht ihm seinen ganz besonderen Charakter.

ALLEINSTELLUNGSMERKMALE

Der *Europäische Hof Heidelberg* ist eines der wenigen privat geführten Fünf-Sterne-Stadthotels Deutschlands. Sie erleben einen Service, der Sie im Herzen erreichen will – ein Grand Hotel mit Seele und persönlicher Note. Tradition trifft hier in sehr individueller Form auf Moderne.

GASTRONOMIE

Anzahl der Restaurants: 2 (+1 Bar)

- *Die Kurfürstenstube*: Französisch-klassisch, Fine Dining. Die *Kurfürstenstube* besticht durch aufwendige Holzarbeiten und ein einzigartiges Ambiente.
- *Sommerrestaurant:* Mediterran, casual. Das sommerlich frische Restaurant, leicht und elegant.
- *Europa Bar*

WELLNESS

Größe des SPA: 600 m²

Ausstattung und Besonderheiten SPA: Indoor Pool, Sauna, Sanarium, Dampfbad, Fitnessraum, Sonnenterrasse, Massage und Kosmetik (Ligne St Barth und Babor).

VERANSTALTUNGSRÄUME

Anzahl und Größe: 10 (bis 300 Personen)

Veranstaltungstechnik: Deckenbeamer, Monitore, Technik für hybride Meetings, Soundanlage, Klimatisierung, Smokers Lounge.

Spezielle Tagungs-Services: Alles, was gewünscht ist.

FREIZEITANGEBOT

Golf, Wandern, Rudern, Mountainbiking, Museen, Musik-Festivals (Klassik und Jazz), Kultur, Ladenpassage, Stadtrundfahrten.

HOTEL EUROPÄISCHER HOF HEIDELBERG

ner Hof

HOTEL FÄHRHAUS ★★★★★

318,00 € bis 1.418,00 € Hotel Fährhaus · Bi Heef 1 · 25980 Munkmarsch/Sylt

T +49 4651 939 70 *W* faehrhaus-sylt.de

© Roman Matejov Fotografie

Gastgeber:
Christoph H. Dittmer,
seit Februar 2019

AUSSTATTUNG UND FOKUS

Anzahl Zimmer & Suiten: 29 Zimmer, 12 Suiten

Fokus: Family/Wellness/Ferien

Kinderfreundlich: Ja

Hotelgruppe: Feine Privathotels Deutschland, Privathotels Sylt

PHILOSOPHIE DES HAUSES

Im *Fährhaus* spürt man überall die friesische Tradition: Nordisches Design bei der Einrichtung, regionale Zutaten in der Küche, gepaart mit Liebe zum Detail und der Herzlichkeit des Teams. Diese einzigartige Mischung lässt Gäste immer wieder ins *Fährhaus* zurückkehren.

ALLEINSTELLUNGSMERKMALE

Das *Fährhaus* besticht seit mehr als 150 Jahren durch seine ruhige Lage direkt am Wattenmeer. Weite Blicke über das Meer sowie die exklusive Einrichtung mit antiken Kachelöfen und Mid-century Möbelklassikern vermitteln luxuriöse Behaglichkeit im reduzierten, skandinavischen Stil.

GASTRONOMIE

Anzahl der Restaurants: 1

- *Käpt'n Selmer Stube:* Die nach dem Erbauer vom Fährhaus Sylt benannte *Käpt'n Selmer Stube* steht für friesisch und regional geprägte Küche. Das Restaurant verfügt über 42 Plätze und ist durchgehend geöffnet. Bei schönem Wetter lockt die angrenzende Terrasse im viktorianischen Stil.

WELLNESS

Größe des SPA: 700 m^2

Ausstattung und Besonderheiten SPA: Pool, Whirlpool, Rasulbad, Dampfbad und Saunen sowie Sporting Club, Massagen und Treatments in der SPA-Suite.

VERANSTALTUNGSRÄUME

Anzahl und Größe: 4 (bis 40 Personen)

Veranstaltungstechnik: Standardtechnik, alle Räume mit Tageslicht und Zugang zum Garten oder Blick auf das Wattenmeer.

Spezielle Tagungs-Services: Meetings und Incentives mit größter Privatsphäre, Familienfeiern mit Rundum-Service. Sonnenverwöhnter Garten für Empfänge, Trauungen oder für Ihr Sommerfest.

FREIZEITANGEBOT

Fahrrad- oder E-Bike-Touren, Wattwanderung, Surf- und Segelkurse, Golf, Drive Experience mit Porsche auf Sylt.

HOTEL LOUIS C. JACOB ★★★★★

204,00 € bis 870,00 € Hotel Louis C. Jacob · Elbchaussee 401-403 · 22609 Hamburg

T +49 40 822 55 0 *W* hotel-jacob.de

© Catrin-Anja Eichinger

Gastgeberin:
Judith Fuchs-Eckhoff,
seit November 2017

AUSSTATTUNG UND FOKUS

Anzahl Zimmer & Suiten: 63 Zimmer, 21 Suiten

Fokus: Family/Ferien/Lifestyle

Kinderfreundlich: Ja

Hotelgruppe: DSR Hotel Holding/The Leading Hotels of the World

PHILOSOPHIE DES HAUSES

Seit 229 Jahren steht das *Jacob* für Lebensfreude, Genuss und geselliges Beisammensein. Dieses besondere Lebensgefühl bewahren wir und passen es an die heutigen Bedürfnisse an. Herzlich – traditionsverbunden – authentisch.

ALLEINSTELLUNGSMERKMALE

Hoch über der Elbe, in einer der exklusivsten Hamburger Wohngegenden gelegen, bietet das *Jacob* dem Gast die Wahl zwischen maßgeschneiderten Kulturarrangements in der Hansestadt und wohltuender Ruhe mit einmaligen Naturerlebnissen an der Elbe. Ein Hideaway für Entschleunigung.

GASTRONOMIE

Anzahl der Restaurants: 2 (+1 Bar und 1 Terrasse)

- *Jacobs Restaurant:* 2 Michelin-Sterne, 17 Gault&Millau Punkte. Zeitgemäße, leichte und frische Küche mit französischem Akzent und einem kompetent bestückten Weinkeller.
- *Kleines Jacob:* Rustikales, gemütliches Ambiente mit großem Steinbackofen.
- *Terrasse:* Snacks und Drinks, Kaffee und Kuchen mit Blick auf die Elbe.

WELLNESS

Größe des SPA: 200 m²

Ausstattung und Besonderheiten SPA: Großzügiger Saunabereich, begrünter Ruheraum, Fitnessbereich.

VERANSTALTUNGSRÄUME

Anzahl und Größe: 6 (bis 150 Personen)

Veranstaltungstechnik: Alle technischen Anforderungen decken wir mit unserem Technikdienstleister ab.

Spezielle Tagungs-Services: Buy-Out Option, Rahmenprogramme mit der hoteleigenen Barkasse auf der Elbe, Exklusive Empfänge im historischen Eiskeller, Hochzeitsempfänge auf der Lindenterrasse.

FREIZEITANGEBOT

Fahrradtouren, Strandspaziergänge, Rundgang Treppenviertel Blankenese, Barkassenfahrten, Konzertarrangements.

OETKER COLLECTION
Masterpiece Hotels
L'APOGÉE
COURCHEVEL
BRENNERS PARK-HOTEL & SPA
BADEN-BADEN
LE BRISTOL
PARIS
CHATEAU SAINT-MARTIN & SPA
COTE D'AZUR - VENCE - FRENCH RIVIERA
ER
EDEN ROCK
ST BARTHS

The newly designed garden at Le Bristol Paris

M

HOTEL MAXIMILIAN

235,00 € bis 510,00 € Hotel Maximilian · Ettaler Str. 5 · 82487 Oberammergau

T +49 8822 94874 0 *W* maximilian-oberammergau.de

© Hotel Maximilian

Gastgeberin:
Juliane Heinen,
seit Januar 2020

AUSSTATTUNG UND FOKUS

Anzahl Zimmer & Suiten: 18 Zimmer, 2 Suiten

Fokus: Family/Ferien/Lifestyle

Kinderfreundlich: Ja

PHILOSOPHIE DES HAUSES

Liebe, Herzblut und Überzeugung – die wahrscheinlich beste Basis für alles – und auch das Fundament, auf dem das *Hotel Maximilian* entstanden ist. Aufrichtige Gastfreundschaft und die Freude am Beherbergen von Gästen sind zugleich unser Antrieb und das Gerüst unseres Hauses.

ALLEINSTELLUNGSMERKMALE

Neben der sehr persönlichen Gastlichkeit und dem Zusammenspiel von Tradition und Moderne durch lifestyliges Design und reduzierte Architektur, entsteht eine unvergleichliche Wohlfühlatmosphäre. Dazu gehört das Brauen unseres Bieres, das so urtypisch und unverwechselbar ist wie der Ort.

GASTRONOMIE

Anzahl der Restaurants: 2

- *Restaurant Benedikt's:* Moderne, klassische und regionale Küche.
- *Ammergauer Maxbräu:* Traditionelle bayerische Küche mit eigener Bierbrauerei.

WELLNESS

Größe des SPA: 130 m^2

Ausstattung und Besonderheiten SPA: Sauna, Dampfbad, Brechlbad, Ruheraum, Massagen und Kosmetikbehandlungen.

FREIZEITANGEBOT

Die Ammergauer Alpen bieten Ihnen ein Erholungs- und Freizeitangebot, das so vielseitig ist wie ihre Natur – zu jeder Jahreszeit.

© Ydo Sol

HOTEL NASSAUER HOF ★★★★★

205,00 € bis 4.000,00 € Hotel Nassauer Hof · Kaiser-Friedrich-Platz 3-4 · 65183 Wiesbaden

T +49 611 133 0 *W* hommage-hotels.com/nassauer-hof-wiesbaden/unser-hotel

© Daniel Roos

Gastgeberin:
Carla Lopes,
seit August 2018

AUSSTATTUNG UND FOKUS

Anzahl Zimmer & Suiten: 135 Zimmer, 24 Suiten

Fokus: Business/Wellness/Lifestyle

Kinderfreundlich: Ja

Hotelgruppe: Hommage Luxury Hotels Collection, Leading Hotels of the World

PHILOSOPHIE DES HAUSES

Ankommen und Wohlfühlen – die Antwort auf Ihre Sehnsucht nach einem luxuriösen, urbanen Rückzugsort im Herzen von Wiesbaden. Gastlichkeit, Leidenschaft und Idealismus sind unsere Berufung. Unser oberstes Ziel sind glückliche Gäste, und das in allen Bereichen.

ALLEINSTELLUNGSMERKMALE

Die einzigartige Zigarrenbar mit über 70 Whisky-Sorten, der einzige Thermal Rooftop Pool Deutschlands, gespeist aus der hauseigenen Thermalquelle, die Sterne-gekrönte *Ente* und das *Ente Bistro* – hier findet sich für jeden ein unvergessliches Highlight!

GASTRONOMIE

Anzahl der Restaurants: 3 (+1 Bar)

- *Ente:* 1 Michelin-Stern, 16 Gault&Millau Punkte. Fine Dinning, moderner Stil, geprägt von einer bodenständigen Küche mit raffinierten Akzenten.
- *Bistro Ente:* Französisch-italienische Küche.
- *Orangerie:* Casual, vom Frühstück bis zum abendlichen Dinner gibt es regionale und internationale Spezialitäten.

WELLNESS

Größe des SPA: 1.500 m^2

Ausstattung und Besonderheiten SPA: Medizinische Trainingstherapie, Physiotherapie, Beauty-Behandlungen mit Produkten von Artemis, Valmont oder Thalgo.

VERANSTALTUNGSRÄUME

Anzahl und Größe: 9 (bis 350 Personen)

Veranstaltungstechnik: WeFrame, Erfüllung aller technischen Wünsche durch Technikpartner Audiluma und Pink Events.

Spezielle Tagungs-Services: Tagungspauschalen mit Konferenztechnik, Verpflegung und Raummiete, Meetings, Incentives, Konferenzen, Hochzeiten, private Veranstaltungen.

FREIZEITANGEBOT

Therme-Bereich, Ausflüge in den Rheingau sowie Stadtrundfahrten. Weitere Ausflugsmöglichkeiten auf Anfrage.

HOTEL NASSAUER HOF

© Ydo Sol

HOTEL NASSAUER HOF

HOTEL PALACE BERLIN

160,00 € bis 470,00 € Hotel Palace Berlin · Budapester Strasse 45 · 10787 Berlin

T +49 30 2502 1190 *W* palace.de

© Wolfgang Stahr

Gastgeber:
Michael Frenzel,
seit August 2010

AUSSTATTUNG UND FOKUS

Anzahl Zimmer & Suiten: 238 Zimmer, 40 Suiten

Fokus: Business/Wellness/Lifestyle

Kinderfreundlich: Ja

Hotelgruppe: The Leading Hotels of the World

PHILOSOPHIE DES HAUSES

Mitten in der pulsierenden City West, zwischen Ku'damm, KaDeWe, Gedächtniskirche und der Concept Mall Bikini Berlin, bietet das privat geführte Luxushotel allen Komfort, den man von einem *Leading Hotel of the World* erwartet.

ALLEINSTELLUNGSMERKMALE

278 Zimmer und Suiten, ein besonderes Barkonzept im *House of Gin*, das Sous-vide Restaurant *beef 45*, eine Club Etage für mehr Privatsphäre sowie der großzügige *Palace SPA* mit Pool, Saunalandschaft, Eisgrotte und einem modernen Fitnessraum erwartet den Gast im Herzen der City West.

GASTRONOMIE

Anzahl der Restaurants: 2

- *beef 45:* Casual Fine Dining, Sous-vide Restaurant mit Premiumfleischsorten und abgestimmten Gin Cocktails aus dem *House of Gin.*
- *Lobby Lounge:* Casual, internationale Klassiker und saisonale Spezialitäten aus Küche und Patisserie.

WELLNESS

Größe des SPA: 800 m^2

Ausstattung und Besonderheiten SPA: Pool, Massagen, Fitness Center, Saunalandschaft mit Eisgrotte.

VERANSTALTUNGSRÄUME

Anzahl und Größe: 18 (bis 1.000 Personen)

Veranstaltungstechnik: Standardtechnik, Erfüllung aller technischen Anforderungen durch Technikpartner KFP

Spezielle Tagungs-Services: Konferenzen, Meetings, lncentives, Presseveranstaltungen, Präsentationen, Hochzeiten, Privatanlässe.

FREIZEITANGEBOT

Am Ku'damm gelegen, unweit vom KaDeWe. Berliner Zoo und Gedächtniskirche sind nur ca. 50 m entfernt.

»THERE'S NO TRUE LUXURY WITHOUT SUSTAINABILITY«

• • • • • Sonu Shivdasani is a pioneer in the sustainable luxury hotel industry. The Indian-British hotelier founded *Soneva* which owns luxury resorts *Soneva Fushi* and *Soneva Jani* in the Maldives, and *Soneva Kiri* in Thailand. In the interview he talks about his moving journey with Carsten K. Rath.

I am very impressed to see how diverse your journey was. Please tell us about your background.

Yes, my whole life is quite diverse. I was born and brought up in England. When I was six, my father took me to Nigeria. He was very successful in trading. 50 years ago, the Ministry of Trade decided to import substitution industry. That's why my father spent a year in Nigeria building up a tomato factory. I spent six months there and was educated by a teacher in the local village. I went to the village by donkey. So that was a little bit of my young life. Finally I ended up in the Maldives where we built *Soneva Fushi*. At *Soneva* we are the owner of our hotels. Luxury, even in hospitality, has become quite institutional. So the idea of *Soneva* is being both, the owner and operator. We created our own luxury. When you are the owner and the operator together, you can follow a clear philosophy that's not diluted like sometimes you have third parties owning properties.

Twenty years ago luxury and sustainability did not go together. You started many years ago and you have stated there is no true luxury without sustainability. How important do you think sustainability is from a guest point of view in the world of luxury today?

I think there are still a few people who believe that if it is sustainable, it can't be luxurious especially in some of the newer markets. But once people visit our resorts, we completely convince them that's not the case. The context of the rich has changed because the world nowadays has changed. There is a greater urbanization. In an urban context, luxury is what is new and modern. We offer our guests natural luxury, taking them back to the natural beauty of the world. A great air-conditioned restaurant with famous interior designers may be luxurious, but it is nothing unusual anymore. True luxury touches people's hearts and that is exactly what we do here in this remote area. I think we're the most sustainable because we take

© Matt Porteous

Sonu Shivdasani

advantage of the nature that we live in. Our guests can see the stars through the largest telescope in the Indian Ocean or having the salad fresh from the garden.

How did you start Soneva *and how did it develop into one of the finest properties in the world?*

We opened officially in ninety five when I first came to the Maldives. I was studying at the University of Oxford at the time. In those days the Maldives were dominated by German and Italian guests. It was one resort, one tour operator, the standards were very simple. Everything was imported, including the peas and the vegetables. They were using salt water for showers and toilets. They didn't have any capital, you could see this at first sight. So they were taking material from the reef to build the houses. Unfortunately there wasn't any respect for the environment. I can understand that because if you come from the Maldives and you're not

passionate about the ocean, you might not respect what you see. We arrived at the Maldives and felt that this is a pity. It is a beautiful destination with an amazing geography. We decided to do something different that is more sensitive because we came from a different context. We started in ninety five with one hotel. People then asked us to manage theirs. We did not come from a traditional hotel background, we focus on the leisure traveler and the fact that people were looking for unique experiences. And today that is our common place.

How do you implement ecological values within your management structure and your employees?

You have raised an essential point which I believe is part of our success: We have consistent values. I was twenty-six in the early days when we started this company. I was quite young and had limited experience of managing people. And that's exactly what was a challenge in the first days. People thought we were mad, they thought the environmental thing was mad. But nevertheless quite a lot of people, including general managers, joined us because we had the luxury of creating something different. We were excellent because it was different at that time. And our way of thinking was different, too. We started to attract like-minded people. My real title is officially CEO and Creative Director. If you look at my business card, it is in brackets. And the biggest part of my title is guardian of culture. believe that the most important task of a CEO and my most important task is to create a culture in terms of values, philosophies, beliefs and language. Our chief commercial officer for example is vegan and has very strong environmental beliefs. It has to come right from the heart. You should have a purpose that your hosts believe in you and start to accept your way of life.

The world is changing because of the corona virus. What impact does this crisis have on your future strategy?

Every crisis has a learning. I love the Chinese word for crisis: One side is danger, which obviously one has to protect against and the other side means change in opportunity. And we have looked on to this crisis like other crises in that way. I think us as a team, we are much closer together because we have gone through this. We have survived in many ways better than others. So we have commanded a lot of respect amongst those here whose family members work in other resorts where they are now redundant.
We reject opportunities that we might have said yes to in the past. So when we sold Six Senses, we did not give up, we delegated to focus on other aspects such as the experience of eating and drinking. Now we are returning to wellness: *Soneva* will have the world's largest one and two bedroom water treatments. We have the space and privacy, and that is why we are going to add this. And we will add a second wellness center. All our resorts are focused on wellness and wellbeing.

You will be happy to hear that we start **The one hundred and one best hotels in Germany** *for the first time and one of the main focuses lays on sustainability. Thank you for your time!*

HOTEL STADT HAMBURG

HOTEL STADT HAMBURG

115,00 € bis 1.120,00 € Hotel Stadt Hamburg · Strandtraße 2 · 25980 Westerland/Sylt

T +49 4561 8580 *W* hotelstadthamburg.com

© Susan Guetari

Gastgeber:
Christian Wirsich,
seit März 2010

AUSSTATTUNG UND FOKUS

Anzahl Zimmer & Suiten: 45 Zimmer, 25 Suiten

Fokus: Family/Ferien/Lifestyle

Kinderfreundlich: Ja

Hotelgruppe: 12.18. Hotel Collection

PHILOSOPHIE DES HAUSES

Wir sind seit über 150 Jahren leidenschaftliche Gastgeber. Mit natürlicher Herzlichkeit, individuellem und persönlichem Engagement begeistern wir unsere Gäste und schaffen einmalige Urlaubserlebnisse auf Deutschlands schönster Insel – Sylt.

ALLEINSTELLUNGSMERKMALE

Das Flair des *Hotel Stadt Hamburg* ist heutzutage gerade auf Sylt absolut einmalig. Unser Haus öffnete 1869 seine Pforten erstmalig für Besucher. Seitdem kombinieren wir die Vorzüge Sylts mit herzlichem Service und exklusiver Atmosphäre, deren Detailreichtum immer wieder überrascht.

GASTRONOMIE

Anzahl der Restaurants: 2

- *Hardy's Restaurant:* 16 Gault&Millau Punkte. Casual Fine Dining.
- *Bistro Stadt Hamburg:* 13 Gault&Millau Punkte. Leichte Küche, Kaffee, Tee und Kuchen.

WELLNESS

Größe des SPA: 500 m^2

Ausstattung und Besonderheiten SPA: Unser *Qiara SPA* im asiatischen Kolonialstil bringt Ihnen durch puristische Ruhe vollkommene Entspannung.

VERANSTALTUNGSRÄUME

Anzahl und Größe: 4 (bis 70 Personen)

Veranstaltungstechnik: Beamer, Leinwände, Tontechnik und vieles mehr – unsere Event Planner machen fast alles möglich.

Spezielle Tagungs-Services: Vier Veranstaltungsräume mit individuellem Service und maßgeschneiderten Bewirtungspaketen.

FREIZEITANGEBOT

Wellness Bereich mit Pool (6x12 m, 29°C), Dampfsauna, Finnische Sauna, Ruheraum, Fitnessraum, Strand in fußläufiger Entfernung.

© Kempinski Hotels

HOTEL TASCHENBERGPALAIS KEMPINSKI DRESDEN ★★★★★

145,00 € bis 9.000,00 € Hotel Taschenbergpalais Kempinski · Taschenberg 3 · 01067 Dresden

T +49 351 491 2636 *W* kempinski.com/dresden

© TBP Betriebs GmbH

Gastgeber:
Jens Marten Schwass,
seit November 2013

AUSSTATTUNG UND FOKUS

Anzahl Zimmer & Suiten: 182 Zimmer, 31 Suiten

Fokus: Business/Wellness/Ferien/Lifestyle

Kinderfreundlich: Ja

Hotelgruppe: Kempinski Hotels

PHILOSOPHIE DES HAUSES

Das *Hotel Taschenbergpalais Kempinski Dresden* beherbergt seit 1995 in prachtvoller Eleganz Luxusreisende, Staatshäupter und bekannte Persönlichkeiten aus aller Welt. Im Herzen der Stadt bietet es beste Ausblicke auf Dresden.

ALLEINSTELLUNGSMERKMALE

Einziges Grand Hotel der Stadt voller Geschichte, Lage in der historischen Altstadt, großzügige Hotelanlage mit den größten Zimmern und dem herrlichen Blick auf Dresdens Sehenswürdigkeiten.

GASTRONOMIE

Anzahl der Restaurants: 5

- *Fischrestaurant Kastenmeiers:* Bestes Fischrestaurant Ostdeutschlands (Feinschmecker). Fine Dining, Fisch und Seafood.
- *Palais Bistro:* Französische Küche.
- *Café Vestibül:* Kaffee- und Teespezialitäten, hauseigene Patisserie.
- *Karl May Bar:* Cocktails, Whisky.
- *Sushi & Austernbar:* Sushi, Champagner, Austern, Cocktails.

WELLNESS

Größe des SPA: 380 m^2

Ausstattung und Besonderheiten SPA: Pool mit LED-Himmel, 2 Finnische Saunen, Dampfbad, Infrarot-Kabine, Behandlungsräume, Maniküre, Pediküre, Kosmetik.

VERANSTALTUNGSRÄUME

Anzahl und Größe: 10 (bis 500 Personen)

Veranstaltungstechnik: Räume mit atemberaubendem Blick, Innenhof mit Eisbahn, Technikpartner Brähler.

Spezielle Tagungs-Services: Meeting Concierge, Wedding Planner, historisches Sandstein-Treppenhaus für Empfänge, hauseigene Kapelle mit Empore, Catering-Service.

FREIZEITANGEBOT

Kultur wie Semperoper, zahlreiche Museen, Burgen und Schlösser, Wander- und Klettertouren, Shopping, nördlichste Weinanbauregion.

HOTEL TASCHENBERGPALAIS KEMPINSKI DRESDEN

swiss smile

HYATT REGENCY KÖLN

150,00 € bis 650,00 € Hyatt Regency Köln · Kennedy-Ufer 2a · 50679 Köln

T +49 221 828 1234 *W* hyattregencycologne.com

© Hyatt Regency Köln

Gastgeber:
Robin Saunders,
seit Januar 2012

AUSSTATTUNG UND FOKUS

Anzahl Zimmer & Suiten: 307 Zimmer, 17 Suiten

Fokus: Business/Ferien

Kinderfreundlich: Ja

Hotelgruppe: Hyatt Corporation

PHILOSOPHIE DES HAUSES

Mit Blick auf den Kölner Dom, den Rhein und die Altstadt ist das *Hyatt Regency Köln* perfekt für Geschäfts- und Freizeitreisende, um zentral in Köln zu übernachten. Erleben Sie unkomplizierten, einzigartigen Service, höchsten Komfort und genießen Sie großzügige Gästezimmer.

ALLEINSTELLUNGSMERKMALE

Meeting Campus Konzept, vielfältiges gastronomisches Angebot, *Puls Fitness Club* mit Indoor Pool.

GASTRONOMIE

Anzahl der Restaurants: 3

- *Glashaus Restaurant:* Speisen mit lokalem Charakter und fernöstlichem Touch.
- *Grissini Restaurant:* Authentische italienische Gerichte.
- *Sticky Fingers Restaurant:* Köstliches Streetfood.

WELLNESS

Größe des SPA: 350 m^2

Ausstattung und Besonderheiten SPA: Pool, Sauna, Dampfbad, Massagen.

VERANSTALTUNGSRÄUME

Anzahl und Größe: 21 (bis 650 Personen)

Veranstaltungstechnik: Moderne Tagungstechnik steht zur Verfügung.

Spezielle Tagungs-Services: Im Meeting Campus können kleine Köstlichkeiten in Büfettform angeboten werden. Soft- und Heißgetränke, eine Candy Bar und kleine Petit Fours stehen bereit.

FREIZEITANGEBOT

Joggingstrecke am Rhein, Puls Fitness Club mit Pool.

HYATT REGENCY MAINZ

Hyatt Regency Mainz · Templerstraße 6 · 55116 Mainz

T +49 6131 731234 *W* mainz.regency.hyatt.com

Gastgeber:
Malte Budde,
seit Januar 2020

AUSSTATTUNG UND FOKUS

Anzahl Zimmer & Suiten: 265 Zimmer, 3 Suiten

Fokus: Business/Family/Wellness/Ferien

Kinderfreundlich: Ja

Hotelgruppe: Hyatt Hotels & Resorts

PHILOSOPHIE DES HAUSES

Reisen ist immer ein Erlebnis. Egal ob Sie geschäftlich oder privat zu uns kommen, steht Ihr persönliches Wohlbefinden für uns an erster Stelle. Dazu begeistern wir Sie mit unkompliziertem Luxus, innovativer Gastronomie und authentischem Service.

ALLEINSTELLUNGSMERKMALE

Unmittelbar am Rheinufer gelegen, nahe der Mainzer Altstadt und dennoch unweit vom Frankfurter Flughafen, heißen wir unsere Gäste in idealer Lage willkommen. Nutzen Sie Ihren Aufenthalt für einen kulinarischen Kurzurlaub oder für eine Geschäfts- oder Tagungsreise in besonderem Ambiente.

GASTRONOMIE

Anzahl der Restaurants: 2 (ganzjährig), 2 (saisonal)

- *Bellpepper Restaurant:* Genießen Sie in modernem Design und bei Rheinblick kulinarische Highlights aus der Region mit internationaler Note.
- *M-Lounge & Bar:* Frische Drinks unseres Bartenders und passende Köstlichkeiten.
- *Rheinkanzel:* Sommerlicher Biergarten am Rheinufer.

WELLNESS

Größe des SPA: 777 m²

Ausstattung und Besonderheiten SPA: *Club Olympus SPA and Fitness* mit Fitness Center, Pool, Dampfbad, Sauna und erfahrenen Therapeuten für Ihr Wohlbefinden.

VERANSTALTUNGSRÄUME

Anzahl und Größe: 13 (bis 600 Personen)

Veranstaltungstechnik: Erfolgreiche Umsetzung anspruchsvoller Vorhaben durch unseren Technikpartner KFP.

Spezielle Tagungs-Services: Pharma-Kodex Zertifizierung, 1.500m² Veranstaltungsfläche, *Hyatt* Catering, Rheinterrasse für Ausstellungen, Hotel Eventlocation in einer Festungsanlage von 1843.

FREIZEITANGEBOT

Natur(wein)erlebnis Rheinhessen und Rheingau, Altstadt von Mainz, Wassersport am Rheinufer, Koch-Events und Fitnessangebote im Hotel.

»SERVICE IST DIE QUALITÄT VON MORGEN«

• • • • • Der Service-Visionär Enrico Jensch ist COO der *Helios Kliniken* und verantwortet das operative nationale und internationale Geschäft der *Helios Gruppe*. Die *Helios Kliniken* sind Qualitäts- und Marktführer im Bereich Gesundheit und betreuen über 20 Millionen Patienten im Jahr. Im Gespräch mit Carsten K. Rath erklärt er den Stellenwert von Service und blickt in die Zukunft von *Helios*.

Warum ist Service ein so wichtiges Thema für* Helios *und für dich?

In Deutschland sind wir als größter Krankenhausanbieter führend, die Patienten vertrauen unserer medizinischen Qualität. Die zusätzliche Versorgung, also der Serviceaspekt, der über die medizinische Betreuung hinausgeht, spielt zudem eine immer wichtigere Rolle. Service ist die neue Qualität von morgen und für die Zukunft. Patienten erwarten in den *Helios Kliniken* Sicherheit und Service immer vor dem Hintergrund, dass sie das Krankenhaus in einem besseren Zustand verlassen, als sie es betreten haben.

Wie wollt ihr in den* Helios Kliniken *den Service-Level weiter anheben?

Gesunde und vor allem schmackhafte Ernährung ist ein zentraler Aspekt für die Genesung. Das haben wir gelernt. Unser Ziel ist es generell, die Genesungsphase unserer Patienten deutlich zu verkürzen. Hierfür bieten wir künftig neben der medizinischen Betreuung weitere Highlights und auch Erlebnisse an. Gemeinsam mit dir und sechs Sterneköchen setzen wir derzeit ein einzigartiges Pilotprojekt um. Gemeinsam entwickelten wir kulinarische Highlights, die Gerichte sind allesamt von unseren Profi- und Sterneköchen inspiriert. Die exzellenten Gerichte helfen nun unseren Patienten bei der Genesung. Sie sind auch in einem eigenen Kochbuch veröffentlicht worden: »6 Köche, 12 Sterne« (helios-kochbuch.de), so können Interessierte die gesunde Küche ganz einfach zuhause nachkochen. Mit diesem Projekt sind wir einen mutigen Schritt gegangen, das Resultat spricht für sich: Wir erreichten mit dem kulinarischen Konzept eine Patientenzufriedenheit von

© Thomas Oberländer / Helios Kliniken

Enrico Jensch

95 Prozent, das hätten wir niemals erwartet. Wir bieten den Patienten einen deutlichen Mehrwert und konnten auch den Serviceaspekt in den Köpfen der Mitarbeiter noch weiter verankern.

Ein großartiges Projekt! Wie geht es weiter in eurer strategischen Ausrichtung? Habt ihr vor, die gesammelte Service-Expertise auch in anderen Bereichen einzusetzen?

Service Excellence ist eine Haltung, und genau nach diesem Prinzip stellen wir verstärkt unser Team auf. Im Krankenhausbetrieb benötigen wir Mitarbeiter, die den Servicegedanken vermitteln und konsequent leben. Diese Haltung ist vergleichbar mit dem Servicegedanken in der Hotellerie und generell in der Hospitality-Branche. Wir denken auch zukünftig ganzheitlich. Gesundheitsdienstleistungen fangen deutlich vor einem Krankenhausbesuch an. Wir bieten unsere Dienstleistungen daher jedem an, der sie in Anspruch nehmen möchte. Unser Fokus liegt auch im präventiven Bereich, damit unsere Kunden gesund bleiben. Wenn ein Thema nachhaltig wirken soll, dann muss es wachsen und braucht eine ständige professionelle Begleitung. Kleine, stetige Schritte führen zu einem profunden Ergebnis. Ich freue mich sehr auf diesen Prozess und bin gespannt, wie wir in fünf Jahren darüber sprechen, wenn wir auf unser Pilotprojekt der kulinarischen Excellence in den *Helios Kliniken* zurückblicken. Es werden sicher weitere Projekte und spannende Kooperationen folgen, auch unter dem Aspekt, nun auch Service Excellence Leader zu werden.

„Unser Anspruch war es von Anfang an im Bereich Human Ressources neue Wege zu gehen und besondere Anreize zu bieten, bei uns im Team zu sein. Die PlusCard ist so etwas Besonderes. Ausschlaggebend war die Besichtigung der Wahlleistungsstation der Helios Klinik Stralsund. Ich trage gern dazu bei, dass meine Mitarbeiter im Fall der Fälle dort Privatpatientenkomfort erleben und behandelt werden würden.

Die PlusCard kommt bei meinen Kollegen noch besser an, als ich vermutet hatte: schon bei der Vorstellung im Mitarbeiterkreis war die Resonanz sehr wertschätzend und positiv. Und die Freude wurde noch größer als einige Monate später die PlusCard Family eingeführt wurde. Viele Kollegen haben daraufhin auch ihre Familien abgesichert."

Eike Sadewater, Geschäftsführer
Romantik Hotel Scheelehof, Stralsund

Erfolgs-Upgrade für Sie:

Employer Branding:
Positionierung als sozialer und familienfreundlicher Arbeitgeber (PlusCard mit Unternehmenslogo).

Steigerung der **Mitarbeiterbindung**, -zufriedenheit und -motivation.

Vorteile im Wettbewerb um **Fachpersonal.**

Reduzierte Fehlzeiten
durch Facharzt-Terminservice.

Flexibles, **preisattraktives** Tarifwerk.

Steuerfrei.

INTERCONTINENTAL BERLIN

179,00 € bis 3.800,00 € InterContinental Hotel Berlin · Budapesterstr. 2 · 10787 Berlin

T +49 30 2602 0 *W* berlin.intercontinental.com/willkommen

Gastgeber:
Aernout de Jong,
seit September 2015

AUSSTATTUNG UND FOKUS

Anzahl Zimmer & Suiten: 558 Zimmer, 60 Suiten

Fokus: Business/Family/Wellness

Kinderfreundlich: Ja

Hotelgruppe: InterContinental Hotels Group

PHILOSOPHIE DES HAUSES

Wir bei *InterContinental Hotels & Resorts* glauben, dass internationale Reisen immer verlockend sein sollten. Daher stehen wir für Gastfreundschaft in Kombination mit unserem internationalen Know-how und unserer lokalen kulturellen Weisheit.

ALLEINSTELLUNGSMERKMALE

Das *InterContinental Berlin*, ideal im Herzen der Stadt gelegen, ist mit 558 Zimmern und einer Veranstaltungsfläche von knapp 5.000 m² eines der größten und führenden Tagungshotels in Europa. Dennoch können die Gäste die Annehmlichkeiten und den Service eines Fünf-Sterne-Hotels erwarten.

GASTRONOMIE

Anzahl der Restaurants: 2 (+1 Bar)

- *Marlene Restaurant:* Regionale Spezialitäten, traditionelle Berliner Gerichte.
- *Hugos Restaurant:* 1 Michelin-Stern. Sterneküche, bekannt für seine von der Salumeria geschnittenen Cecina de Lloh, Private Dining.
- *Marlene Bar:* Hommage an Marlene Dietrich, Auswahl an Cocktails und lokalen Gerichten.

WELLNESS

Größe des SPA: 1.000 m²

Ausstattung und Besonderheiten SPA: Pool, gemischte Sauna, Damensauna, Whirlpool, Poolbar, Terrasse, Fitness Center, Massagen und Schönheitsbehandlungen.

VERANSTALTUNGSRÄUME

Anzahl und Größe: 33 (bis 1.500 Personen)

Veranstaltungstechnik: modernste Technologien (Bühnenbeleuchtung, Räume mit verschiebbaren Wänden etc.), Technikpartner KFP.

Spezielle Tagungs-Services: Boardmeetings, Kongresse, Ausstellungen, Bankett-Veranstaltungen, Konferenzen, Meetings, Incentives, Hochzeiten, weitere private Veranstaltungen.

FREIZEITANGEBOT

Business Center, Concierge-Service, Limousinen-Service, Club Lounge, Einkaufsstraße Ku'damm in unmittelbarer Nähe, Tiergarten.

INTERCONTINENTAL DÜSSELDORF

250,00 € bis 5.000,00 € InterContinental Hotel Düsseldorf · Königsallee 59 · 40215 Düsseldorf

T +49 211 82 85 11 23 *W* duesseldorf.intercontinental.com

© InterContinental Düsseldorf

Gastgeberin:
Britta Kutz,
seit Oktober 2016

AUSSTATTUNG UND FOKUS

Anzahl Zimmer & Suiten: 287 Zimmer, 32 Suiten

Fokus: Business/Wellness/Lifestyle

Kinderfreundlich: Ja

Hotelgruppe: InterContinental Hotels Group

PHILOSOPHIE DES HAUSES

Internationales Lifestyle Hotel in bester Lage mit dem Fokus auf den Gast. Von der An- bis zu Abreise ist es Ziel unseres Teams, dem Gast in einem modernen Ambiente ein »home away from home«-Gefühl zu geben und ihn bestens zu betreuen.

ALLEINSTELLUNGSMERKMALE

Das Hotel hat Bestlage direkt auf der Kö. Idealer Ausgangspunkt für eine ausgiebige Shopping Tour oder um die Stadt zu erkunden. Alle wichtigen Stationen sind fußläufig zu erreichen. 2019/2020 wurden die Bereiche Zimmer, Lobby sowie Restaurant neugestaltet.

GASTRONOMIE

Anzahl der Restaurants: 1

- Das *Kö59* trägt die Handschrift der Königsallee: mondän, exklusiv, gastfreundlich und international. Masterminded by Björn Freitag, dem bekannten TV- und Sternekoch, bietet Ihnen unsere Küche eine delikate Kombination aus rheinischer Küche mit internationalem Flair.

WELLNESS

Größe des SPA: 4.000 m^2

Ausstattung und Besonderheiten SPA: Über dem direkt mit dem Hotel verbundenen Holmes Place: Pool (21 m^2), Whirlpool sowie verschiedene Saunen und Ruhebereiche.

VERANSTALTUNGSRÄUME

Anzahl und Größe: 14 (bis 1.500 Personen)

Spezielle Tagungs-Services: Tagungen, Konferenzen, Incentives, Meetings, Hochzeiten sowie weitere Events jeglicher Art.

FREIZEITANGEBOT

Unser Concierge-Team ist gerne für unsere Gäste da, um ihnen individuell das perfekte Freizeitprogramm in Düsseldorf zusammenzustellen.

Blycolin

JUMEIRAH FRANKFURT

199,00 € bis 5.799,00 € Jumeirah Frankfurt · Thurn-und-Taxis-Platz 2 · 60313 Frankfurt am Main

T +49 69 297 237 0 *W* jumeirah.com/frankfurt

© Jumeirah Frankfurt

Gastgeberin:
Daniela Fette-Rakowski,
seit September 2019

AUSSTATTUNG UND FOKUS

Anzahl Zimmer & Suiten: 155 Zimmer, 63 Suiten

Fokus: Business/Wellness/Lifestyle

Kinderfreundlich: Ja

Hotelgruppe: Jumeirah Group

PHILOSOPHIE DES HAUSES

Getreu dem Motto »Stay different« glauben wir daran, außergewöhnliche Erlebnisse zu erschaffen und Service zu bieten, der Erwartungen übertrifft. Exquisite Architektur, herausragende Gastronomie und unaufdringlicher Luxus definieren die *Jumeirah Hotels and Resorts.*

ALLEINSTELLUNGSMERKMALE

Das *Jumeirah Frankfurt* liegt im Herzen der Stadt, fußläufig zur Alten Oper, den Bankentürmen und den belebten Einkaufsstraßen. Auf 25 Stockwerken bietet das Hotel einen beeindruckenden Ausblick auf die Frankfurter Skyline sowie ein modernes und gleichermaßen zeitloses Design.

GASTRONOMIE

Anzahl der Restaurants: 2 (+1 Bar)

- *Max on One:* Moderne französisch-asiatische Kreationen, zubereitet in einer offenen Showküche.
- *El Rayyan:* Authentische und feine Gerichte aus der exzellenten libanesischen Küche.
- *Ember Bar & Lounge:* Elegante Cocktail- und Champagnerbar im Herzen der Stadt.

WELLNESS

Größe des SPA: 400 m^2

Ausstattung und Besonderheiten SPA: Holistische Revitalisierung und Entspannung in harmonischem Ambiente. 2 Saunen, Ruhebereiche und 5 Behandlungsräume.

VERANSTALTUNGSRÄUME

Anzahl und Größe: 5 (bis 250 Personen)

Veranstaltungstechnik: Moderne Technik, Tageslicht in allen Räumen, besondere Anfragen können über spezialisierte Technikpartner umgesetzt werden.

Spezielle Tagungs-Services: Maßgeschneiderte Tagungen, Boardmeetings, Firmenfeiern, Hochzeitsarrangements und andere private Feiern sowie hybride Events.

FREIZEITANGEBOT

Flusskreuzfahrten, Stadttouren, Museen, Weintouren im Rheingau, Freizeitprogramme für Kinder und Familien, Private Dinner mit Blick über die Skyline.

©Kempinski Hotels

KEMPINSKI HOTEL ★★★★★ FRANKFURT GRAVENBRUCH

200,00 € bis 2500,00 € Kempinski Frankfurt Gravenbruch · Graf zu Ysenburg und Büdingen Platz 1 · 63263 Neu-Isenburg

T +49 69 389 88 0 *W* kempinski.com/gravenbruch

© Manuel Dorn

Gastgeberin:
Karina Ansos,
seit September 2015

AUSSTATTUNG UND FOKUS

Anzahl Zimmer & Suiten: 188 Zimmer, 37 Suiten

Fokus: Business/Family/Wellness/Lifestyle

Kinderfreundlich: Ja

Hotelgruppe: Kempinski Hotels

PHILOSOPHIE DES HAUSES

Der Charme eines englischen Landhauses und neuzeitliches Design: das ist das *Kempinski Hotel Frankfurt Gravenbruch*. Das Haus vereint Tradition mit der Moderne, steht für entspannten Luxus, Inspiration und Esskultur. Leisure-Luxury – wir sind Caretaker der Gästeinteressen.

ALLEINSTELLUNGSMERKMALE

Direkt an der Grenze zur Mainmetropole Frankfurt und wenige Fahrminuten vom Airport entfernt steht das *Kempinski Hotel Frankfurt Gravenbruch* mit einem 15 ha großen Park, einem eigenen See sowie festlichen Wasserspielen im Sommer – relaxen pur mitten in Frankfurt Rhein-Main.

GASTRONOMIE

Anzahl der Restaurants: 4

- *EssTisch:* Internationale Küche.
- *Torschänke:* Hessisch rustikal.
- *Levante:* Libanesische Küche.
- *NIU:* Asiatisches Steakhouse.

WELLNESS

Größe des SPA: 2.000 m²

Ausstattung und Besonderheiten SPA: Beheizter Indoor und Outdoor Pool, Saunalandschaft, Liegewiese, Sonnenterrassen, Ruheräume, Behandlungsräume.

VERANSTALTUNGSRÄUME

Anzahl und Größe: 18 (bis 500 Personen)

Veranstaltungstechnik: Moderne Veranstaltungstechnik in allen Räumen, Betreuung durch unseren Partner KFP

Spezielle Tagungs-Services: Meeting Concierge, Wedding Planner, Business Center.

FREIZEITANGEBOT

Fahrradverleih, SPA-Bereich, Limousinen-Service.

KEMPINSKI HOTEL FRANKFURT GRAVENBRUCH

© Kempinski Hotels

Landhaus Stricker

LANDHAUS STRICKER ★★★★★

Landhaus Stricker · Boy-Nielsen-Str. 10 · 25980 Sylt OT Tinnum

T +49 4651 88 990 *W* landhaus-stricker.de

© Marc Rehbeck

Gastgeber:
Holger Bodendorf,
seit März 2001

AUSSTATTUNG UND FOKUS

Anzahl Zimmer & Suiten: 17 Zimmer, 21 Suiten

Fokus: Lifestyle

Kinderfreundlich: Ja

Hotelgruppe: Relais & Chateaux

PHILOSOPHIE DES HAUSES

Die Philisophie von *Relais & Chateaux* leben. Das *Landhaus Stricker* bietet seinen Gästen ein zweites Zuhause auf Deutschlands schönster Insel. Hier geht es gehoben zu, aber nicht abgehoben, der Luxus im *Landhaus Stricker* kommt ganz selbstverständlich und natürlich daher. Das sorgt für ein entspanntes Wohlfühlen bei Mitarbeitern und Gästen.

ALLEINSTELLUNGSMERKMALE

700 m^2 neu gestalteter Wellnessbereich, Sterne-Restaurant *Bodendorf's*, exzellente Kulinarik.

GASTRONOMIE

Anzahl der Restaurants: 2

- *Restaurant SIEBZEHN84:* Regionale Spezialitäten.
- *Gourmet Restaurant Bodendorf's:* 1 Michelin-Stern, 18 Gault&Millau Punkte, 4 Feinschmecker-Punkte. Mediterrane Küche.

WELLNESS

Größe des SPA: 700 m^2

Ausstattung und Besonderheiten SPA: Sauna, Fitnessraum mit neuesten Geräten von Technogym, Kinesis Turm, Babor Produkte.

VERANSTALTUNGSRÄUME

Anzahl und Größe: 3 (bis 100 Personen)

FREIZEITANGEBOT

Yoga, Meditation, Pilates, Wandern, E-Bike-Touren, Nordic Walking, Waldatmen, Aqua Fit, Verleih von 30 E-Mountainbikes.

LE MERIDIEN STUTTGART

139,00 € bis 999,00 € Le Méridien Stuttgart · Willy-Brandt-Straße 30 · 70173 Stuttgart

T +49 711 222 10 *W* lemeridiensuttgart.com

© Munich Hotel Partners

Gastgeber:
Wolfgang Selinger,
seit September 2020

AUSSTATTUNG UND FOKUS

Anzahl Zimmer & Suiten: 280 Zimmer, 13 Suiten

Fokus: Business/Wellness/Lifestyle

Kinderfreundlich: Ja

Hotelgruppe: Marriott International

PHILOSOPHIE DES HAUSES

Le Méridien steht für Design, Kunst, Kultur und lädt in absolut zentraler Stadtlage zu neuen Entdeckungen ein. Hier starten Gäste ihren Tag mitten im Herzen Stuttgarts. Das *Le Méridien Stuttgart* vereint kreative und lokale Inspiration im Bereich Lifestyle, Hotel und Meetings.

ALLEINSTELLUNGSMERKMALE

Der einzigartige, große City SPA, der mehrfach zum »besten Brunch der Stadt« ausgezeichnete Sonntagsbrunch im Hotelrestaurant sowie die beiden größten Suiten der Stadt mit Blick auf Stuttgart.

GASTRONOMIE

Anzahl der Restaurants: 2

- *Bar Lillet:* Hier erwartet Sie ein innovatives Menü. Biere, Weine und Drinks läuten den perfekten Feierabend ein oder begleiten Sie über den Abend.
- *Kleinschmeckerei Stuttgart:* Feinstes Fleisch mit Premium Cuts vom Spezialisten in sehr gemütlichem Ambiente.

WELLNESS

Größe des SPA: 850 m²

Ausstattung und Besonderheiten SPA: *Le SPA* mit insgesamt 850 m² Wellness- und Fitnessbereich: Hier kann man sich im Pool (12 x 6 m) mit Jacuzzi, in der Saunalandschaft oder im Fitnessstudio bewusst eine Auszeit nehmen.

VERANSTALTUNGSRÄUME

Anzahl und Größe: 13 (bis 450 Personen)

Spezielle Tagungs-Services: Veranstaltungsräume befahrbar.

FREIZEITANGEBOT

Mit »Unlock Art« hat *Le Méridien* ein Kulturprogramm entwickelt, bei dem künstlerische Erfahrungen Teil des Aufenthalts werden.

LOUIS HOTEL

179,00 € bis 949,00 € Louis Hotel · Viktualienmarkt 6 · 80331 München

T +49 89 411 190 80 *W* louis-hotel.com

© ATLANTIC Hotels/Fotograf: Oliver Pracht

Gastgeber:
Stefan Kohlhase,
seit September 2020

AUSSTATTUNG UND FOKUS

Anzahl Zimmer & Suiten: 72 Zimmer, 1 Suite

Fokus: Business/Family/Lifestyle

Kinderfreundlich: Ja

Hotelgruppe: Design Hotels

PHILOSOPHIE DES HAUSES

»Sleep a little longer ... smile a little longer.« – Weltreisende fühlen sich in den 72 Zimmern des *Louis Hotels* zuhause. Liebevolle Details und hochwertige Materialien erschaffen den perfekten Ort zum Relaxen. Edel, hochwertig, modern und entspannt, ein unvergessliches Erlebnis.

ALLEINSTELLUNGSMERKMALE

Das modern mediterran geprägte *Louis Hotel* ist der ideale Ausgangspunkt, um Oper, Theater, Fußgängerzone, Maximilianstraße, Fünf Höfe oder Restaurants zu Fuß zu erreichen.

GASTRONOMIE

Anzahl der Restaurants: 1

- *The Louis Grillroom:* 101 World's best Steak Restaurants, Schönste Rooftop Bar (Gong 96,3). In höchster Handwerkskunst veredeltes Fleisch, saisonal ausgewähltes, knackig gegrilltes Gemüse, ein ausgewogenes Zusammenspiel aus Fleisch- und veganen Gerichten. All das in einer eleganten, warmen, zurückhaltenden Atmosphäre.

VERANSTALTUNGSRÄUME

Anzahl und Größe: 3 (bis 60 Personen)

Veranstaltungstechnik: Leinwand, Beamer, Flipchart, Docking Station, Nespresso Maschine.

Spezielle Tagungs-Services: 2 modern ausgestattete Meetingräume sowie 1 Boardroom, alle mit Tageslicht, sind perfekte Rückzugsorte für erfolgreiche Besprechungen. Tagsüber kann der Boardroom für eine Tagung gebucht werden, abends als Private Dining Room.

FREIZEITANGEBOT

Fitness Center und Fahrradverleih.

© Johannes Guldner

MAISON MESSMER ★★★★★

219,00 € bis 3.500,00 € Maison Messmer · Werderstr.1 · 76530 Baden-Baden

T +49 7221 3012-0 *W* hommage-hotels.com

© Klaus Schultes

Gastgeber:
Norman Mark,
seit Oktober 2019

AUSSTATTUNG UND FOKUS

Anzahl Zimmer & Suiten: 141 Zimmer, 11 Suiten

Fokus: Business/Family/Wellness/Ferien

Kinderfreundlich: Ja

Hotelgruppe: Hommage Luxury Hotels Collection

PHILOSOPHIE DES HAUSES

Bei uns erleben Gäste das Ergebnis aus hochkarätigem Service, traditionsreichen Fünf-Sterne-Häusern und eindrucksvollem Ambiente. Für unsere Gäste haben wir Luxus zeitgemäß interpretiert – denn wahrer Luxus ist nicht laut, er flüstert und erzählt dabei Geschichten.

ALLEINSTELLUNGSMERKMALE

»Where Moments Make Memories« – Wir kreieren für unsere Gäste besondere Momente unter Berücksichtigung der individuellen Bedürfnisse. Dabei greifen wir nicht nur auf unseren authentischen Fünf-Sterne-Service zurück, sondern eröffnen dem Gast das Tor zur Kultur, Natur und Architektur der Umgebung.

GASTRONOMIE

Anzahl der Restaurants: 2

- *Salon JB Messmer:* Dinieren auf höchstem Niveau: Kreative, regional inspirierte Gourmetküche von Küchenchef Christian Fritzinger im edlen Salon-Ambiente.
- *Theaterkeller:* Rustikal, romatisch, gutbürgerlich speisen gegenüber dem historischen Baden-Badener Theater.

WELLNESS

Größe des SPA: 800 m²

Ausstattung und Besonderheiten SPA: 11 Massageanwendungen, 12 Kosmetische Anwendungen (u. a Needling), Schwedische Sauna, Kräutersauna, Dampfbad, Pool, Whirlpool.

VERANSTALTUNGSRÄUME

Anzahl und Größe: 6 (bis 200 Personen)

Veranstaltungstechnik: We Frame – Multifunktions-Whiteboard.

Spezielle Tagungs-Services: Tagungsconcierge zur individuellen Betreuung, individuelle Angebote außerhalb der Tagungspackages, Veranstaltungsorganisation (Events) von A bis Z.

FREIZEITANGEBOT

Oldtimer-Tour durch den Schwarzwald, Paragliding, Wandern, Segway-Touren durch die Weinberge, Museen, Festspielhaus, Casino.

© Fridolin Full

ORANIA.BERLIN

170,00 € bis 1.800,00 € Orania.Berlin · Oranienstraße 40 · 10999 Berlin

T +49 30 695 396 80 *W* orania.berlin

© Orania.Berlin

Gastgeber:
Jennifer und Philipp Vogel, seit 2017 (Eröffnung)

AUSSTATTUNG UND FOKUS

Anzahl Zimmer & Suiten: 25 Zimmer, 16 Suiten

Fokus: Business/Lifestyle

Kinderfreundlich: Ja

Hotelgruppe: Schloss Elmau Luxury SPA Retreat & Cultural Hideaway

PHILOSOPHIE DES HAUSES

Eine Oase der Ruhe und Gelassenheit im kreativen Herzen von Berlin. Zeitlos-lässige Eleganz und ultimativ zeitgemäßer Komfort mit herausragender Gastlichkeit. Erstklassige Kochkunst und fantastische Drinks für Kosmopoliten. Begleitet von Konzerten großer Künstler.

ALLEINSTELLUNGSMERKMALE

Das unverwechselbare Design von Dietmar Mueller-Elmau, gepaart mit den wilden Vibes Kreuzbergs und der wundervollen Gastfreundschaft der Familie Vogel zeichnet die Einzigartigkeit des Hauses aus.

GASTRONOMIE

Anzahl der Restaurants: 1

- *Orania.Restaurant:* 15 Gault&Millau Punkte, 100 Restaurants für jeden Tag (Feinschmecker). Kosmopolitische, weltoffene Küche, bekannt für die »X-Berg Duck«, welche alleine schon eine Reise wert ist.

VERANSTALTUNGSRÄUME

Anzahl und Größe: 1 (bis 120 Personen)

Veranstaltungstechnik: Digital Boardroom, Digital Meeting- und Video Conference, Steinway D Flügel und B Flügel, Konzerttechnik.

Spezielle Tagungs-Services: Individuelle Tagungen, Meetings, Incentives, Hochzeiten, Geburtstage, Ausstellungen, ausgestattet für Konzerte und Record Releases auf höchstem Niveau.

FREIZEITANGEBOT

Konzerte, Fitness, Concierge-Service, Empfehlungen und Insider Tipps zu Berlin und Kreuzberg.

PARKHOTEL BREMEN ★★★★★

150,00 € bis 900,00 € Parkhotel Bremen · Im Bürgerpark · 2809 Bremen

T +49 421 3408 800 *W* hommage-hotels.com/parkhotel-bremen

© Andreas Caspari

Gastgeber:
Steffen Eisermann,
seit Mai 2020

AUSSTATTUNG UND FOKUS

Anzahl Zimmer & Suiten: 152 Zimmer, 20 Suiten

Fokus: Business/Family/Wellness/Ferien

Kinderfreundlich: Ja

Hotelgruppe: Hommage Luxury Hotels Collection

PHILOSOPHIE DES HAUSES

Bereits seit 1872 prägt das *Parkhotel* das Bremer Stadtbild. In den ersten Jahrzehnten noch als Ausflugsrestaurant mitten im Bürgerpark, seit 1956 als das Grand Hotel, wie man es bis heute kennt. Historie und Luxus zeitgemäß interpretiert.

ALLEINSTELLUNGSMERKMALE

Der eindrucksvolle, denkmalgeschützte Bau gilt als eines der Wahrzeichen und ersten Adressen in Bremen. Hier sind rauschende Feste, leiser Luxus, prominente Besucher und Gäste aus aller Welt zuhause. Darüber hinaus das perfekte Ziel für eine Städtereise oder entspannte Wellness-Auszeit.

GASTRONOMIE

Anzahl der Restaurants: 2 (+1 Bar, +1 Zigarrenlounge)

- *Parkrestaurant:* Hornstein-Ranking. Internationale Küche mit lokalen Einflüssen und Produkten.
- *Kuppelhalle:* Lokale Spezialitäten, nationale und internationale Klassiker, hauseigene Patisserie und Tea Time.
- *Parkhotel Bar*
- *La Fumadora:* Zigarrenlounge.

WELLNESS

Größe des SPA: 1.200 m^2

Ausstattung und Besonderheiten SPA: Outdoor Pool, Whirlpool und Saunalandschaft mit Eisgrotte, Massagen, Körper- und Gesichtsbehandlungen, Private SPA-Suite.

VERANSTALTUNGSRÄUME

Anzahl und Größe: 9 (bis 500 Personen)

Veranstaltungstechnik: Erfüllung aller technischen Anforderungen u. a. mit Technikpartner, mit dem PWK befahrbare Räume.

Spezielle Tagungs-Services: Meetings, Incentives, Konferenzen, Hochzeiten, private Veranstaltungen, Dekoration, Friseur, Torten, Ausstellungen.

FREIZEITANGEBOT

Stadtrundfahrten, Bremens Kultur genießen, Bremens Natur und das Umland mit dem Fahrrad erkunden, Wassersport, Wellness.

PARKHOTEL BREMEN

© Ydo Sol

© Klaus Lorke

PARK-HOTEL EGERNER HÖFE

225,00 € bis 750,00 € Hotel Egerner Höfe · Aribostraße 19 · 83700 Rottach-Egern

T +49 8022 666 0 *W* egerner-hoefe.de

Gastgeber:
Pierre Laurent Schäfer,
seit Juni 2020

AUSSTATTUNG UND FOKUS

Anzahl Zimmer & Suiten: 70 Zimmer, 28 Suiten

Fokus: Business/Family/Ferien

Kinderfreundlich: Ja

Hotelgruppe: Relais & Châteaux

PHILOSOPHIE DES HAUSES

Herzlich. Authentisch. Nachhaltig: Die *Egerner Höfe* sind ein Rückzugsort, welcher die Tegernseer Lebensart auf wunderbare Weise mit moderner Eleganz, herzlicher Gastfreundschaft, gelebter und umgesetzter Nachhaltigkeit und herausragender Kulinarik verbindet.

ALLEINSTELLUNGSMERKMALE

Brauchtum als Lebensgefühl, Heimat als Ankerplatz für eine heile Welt, die Ruhe im 14.000 m² großen Park spüren, den Blick auf die Berge und deren Ausstrahlungskraft verinnerlichen. Ein letztes Stück authentisches Bayern erleben und Tegernseer Gaumenfreuden genießen.

GASTRONOMIE

Anzahl der Restaurants: 2

- *Dichterstubn:* 1 Michelin-Stern, 17 Gault&Millau Punkte. Im Gourmetrestaurant schreibt Thomas Kellermann mit viel regionalem Charme wahre Gedichte auf die kunstvoll angerichteten Teller.
- *Stubn:* Hier werden exquisite bayerische Schmankerl in urgemütlichem Ambiente serviert.

WELLNESS

Größe des SPA: 1.000 m²

Ausstattung und Besonderheiten SPA: Entspannen Sie bei revitalisierenden Kosmetikbehandlungen und genießen die Ruhe beim Bahnen ziehen im Schwimmbad.

VERANSTALTUNGSRÄUME

Anzahl und Größe: 5 (bis 70 Personen)

Veranstaltungstechnik: Livestreaming, Konferenzschaltung, Displays, Beamer, Beschallungs- und Dolmetscher-Simultananlage etc.

Spezielle Tagungs-Services: Die Tradition unserer Region wird mit der Professionalität unseres Angebots in Einklang gebracht. Tagen Sie im Hotelpark mit Blick auf den imposanten Wallberg.

FREIZEITANGEBOT

Veranstaltungen im Bereich Kultur- und Brauchtum, sportliche Aktivitäten auf dem Tegernsee und in der umliegenden Berglandschaft.

Über die Reiner Meutsch Stiftung FLY & HELP

Reiner Meutsch ist es wichtig, dass Kinder eine Zukunft haben. Daher unterstützt die Stiftung FLY & HELP den Bau von Schulen in Entwicklungsländern. Denn Schulbildung ist die Grundlage für ein eigenständiges und selbstbestimmtes Leben. Wer Lesen und Schreiben gelernt hat, kann sich seine eigene Meinung bilden und bestehende Ungerechtigkeiten hinterfragen.

Alles begann mit einer Reise, die Abenteuer, Hilfsprojekt und Herzenswunsch zugleich war: Reiner Meutsch, ehemaliger geschäftsführender Gesellschafter des Reiseveranstalters Berge & Meer, erfüllte sich einen Lebenstraum: Er tauschte seinen Schreibtisch gegen das Cockpit eines Kleinflugzeuges, um einmal die Erde zu umfliegen. Im Januar 2010 startete der Manager aus dem Westerwald zur Weltumrundung, bei der er zugleich Hilfsprojekte in Ghana, Ruanda, Indien, Indonesien sowie Brasilien besuchte und unterstützte.

Die fünf Projekte während der Weltumrundung waren dann der Anfang einer langfristig angelegten Bildungskampagne der Stiftung.

Bis heute konnten bereits über 400 FLY & HELP-Schulen gebaut werden. Jährlich werden aktuell mindestens 40 neue Schulprojekte in Afrika, Asien und Lateinamerika umgesetzt.

Die Website www.fly-and-help.de informiert detaillierter über alle Bildungsprojekte, das Anliegen der Stiftung und bietet die Möglichkeit zu spenden. Alle Spenden kommen 1:1 den Projekten zugute, da alle Kosten der Stiftung von Reiner Meutsch privat getragen oder durch Sponsoren abgedeckt werden.

» Mir liegt es sehr am Herzen, die von FLY & HELP geförderten Projekte vor Ort persönlich zu besuchen und mich vom Baufortschritt zu überzeugen oder die Schulen einzuweihen. Besonders berührend ist es dabei, in die strahlenden Augen der Kinder zu blicken, die stolz und unendlich dankbar sind, Lesen und Schreiben lernen zu dürfen.

Diese Reisen nutze ich auch, um weitere förderungswürdige Projekte für die kommenden Jahre anzuschauen. Wir führen jedes Jahr Delegationsreisen in die Fördergebiete durch, an denen auch Sie teilnehmen können. Weitere Informationen finden Sie unter www.prime-promotion.de. «

Spendenkonto

Westerwald Bank eG
IBAN-Nr.: DE94 5739 1800 0000 0055 50
BIC: GENODE51WW1

www.fly-and-help.de

DZI Spenden-Siegel

Das Deutsche Zentralinstitut für soziale Fragen (DZI) bescheinigt:

Ihre Spende kommt an!

Jagdhof
Stuben

RELAIS & CHÂTEAUX JAGDHOF GLASHÜTTE ★★★★★

138,00 € bis 218,00 € Relais & Châteaux Hotel Jagdhof Glashütte · Glashütter Straße 20 · 57334 Bad Laasphe

T +49 02754 3990 *W* jagdhof-glashuette.de

© Relais & Châteaux Jagdhof Glashütte

Gastgeber:
Edmund Dornhöfer,
seit 1984

AUSSTATTUNG UND FOKUS

Anzahl Zimmer & Suiten: 24 Zimmer, 5 Suiten

Fokus: Business/Wellness/Ferien

Kinderfreundlich: Ja

Hotelgruppe: Relais & Châteaux

PHILOSOPHIE DES HAUSES

Die Countryresidenz *Hotel Jagdhof Glashütte* liegt mitten im Wald – da, wo die Natur wohnt. Hier genießen Sie Landleben vom Feinsten. Hier entdecken Sie die Essenz von Natürlichkeit, Gastlichkeit, Leidenschaft und gutem Essen – gehoben, aber nicht abgehoben!

ALLEINSTELLUNGSMERKMALE

Der *Jagdhof Glashütte* liegt inmitten vom Wittgensteiner Bergland in einem der waldreichsten Gebiete Deutschlands, in der Heimat der Prinzen und Fürsten zu Sayn Wittgenstein. Hier erleben Sie die romantische Seele des Rothaargebirges. Zurück zur Natur, aber mit Stil!

GASTRONOMIE

Anzahl der Restaurants: 3

- *Ars Vivendi:* Gourmet- und Gastkoch.
- *Rotisserie Jagdhof Stuben*: Großer Restaurant & Hotel Guide: 3 Kochmützen, 3 Diamanten, 1 Weinrebe. Gault&Millau: 15 Punkte, 2 Kochmützen, 3 Bestecke. 3 Varta-Diamanten, 2 Michelin Bestecke, 2 Schlemmer Atlas Bestecke. Internationale Grill- und kreative Frischeküche im Landhaus Ambiente.
- *Jäger- und Fuhrmanns Wirtsstube:* Stammgastrevier, traditionell, urgemütlich, Wittgensteiner Heimatküche.

WELLNESS

Größe des SPA: 500 m²

Ausstattung und Besonderheiten SPA: *Deep Forest SPA* – komm in die Arme der Natur, Bergsauna, Rothaarsteig-Dampfbad, Wald-Badezimmer, Natur-Massagezimmer.

VERANSTALTUNGSRÄUME

Anzahl und Größe: 2 (bis 150 Personen)

Veranstaltungstechnik: Standardtechnik, Erfüllung aller technischen Anforderungen durch externe Technikpartner.

Spezielle Tagungs-Services: Chefs-Meeting-Table, Konferenzen, Country-Style- und Landart-Hochzeiten, Gartenpartys, »Rent the Jagdhof« – ein Hotel für Sie und Ihre Feier allein, Küchenpartys.

FREIZEITANGEBOT

Limousinen-Service, Mountainbiking, Kutschfahrten, Waldbegehungstouren, geführte Wanderungen, Jagdschloss Besichtigung, Jagen, Golfen, Reiten.

ROCCO FORTE HOTEL DE ROME ★★★★★

280,00 € bis 650,00 € Rocco Forte Hotel de Rome · Behrenstraße 37 · 10117 Berlin

T +49 30 460 60 90 *W* roccofortehotels.com

© Rocco Forte Hotels

Gastgeber:
Gordon Debus,
seit August 2017

AUSSTATTUNG UND FOKUS

Anzahl Zimmer & Suiten: 109 Zimmer, 36 Suiten

Fokus: Business/Family/Wellness/Lifestyle

Kinderfreundlich: Ja

Hotelgruppe: Rocco Forte Hotels

PHILOSOPHIE DES HAUSES

Jedes *Rocco Forte Hotel* reflektiert den authentischen Charakter seiner Stadt. Alle sind Sehenswürdigkeiten: befinden sich in herrschaftlichen Gebäuden, in außergewöhnlicher Lage. Höchste Qualitätsstandards sowie ein persönlicher, intuitiver Service sind ihnen gemein.

ALLEINSTELLUNGSMERKMALE

Das *Hotel de Rome* ist im restaurierten ehemaligen Hauptsitz der Dresdner Bank von 1889 untergebracht – eines der wenigen Luxushotels in einem original historischen Gebäude. Es ist einzigartig in seiner Kombination aus denkmalgeschützter Architektur und zeitgenössischem Design.

GASTRONOMIE

Anzahl der Restaurants: 1 (+2 Bars)

- *La Banca Restaurant mit Garten:* Authentische italienische Küche, gepaart mit Berliner Kreativität.
- *La Banca Bar:* Drinks auf den Spuren Alexander von Humboldts.
- *Rooftop Terrace Bar:* Mit Skyline-Blick.
- *Opera Court:* Berlins beliebtester Afternoon Tea.

WELLNESS

Größe des SPA: 800 m^2

Ausstattung und Besonderheiten SPA: Das *De Rome SPA* liegt im ehemaligen Tresorraum der einstigen Bank, mit Indoor Pool (20 m), Gym, Sauna und Dampfbad.

VERANSTALTUNGSRÄUME

Anzahl und Größe: 8 (bis 600 Personen)

Veranstaltungstechnik: Standardtechnik, Erfüllung aller technischen Anforderungen durch Technikpartner KFP.

Spezielle Tagungs-Services: Rooftop BBQ, Hochzeiten im historischen Ballsaal (inklusive Hochzeitsplaner und Bachelorette Party), Press-Junkets, Meetings, Incentives, Konferenzen.

FREIZEITANGEBOT

Zentral gelegen am Bebelplatz gegenüber der Staatsoper, fußläufig zur Museumsinsel und vielen weiteren Attraktionen Berlins.

ROCCO FORTE VILLA KENNEDY ★★★★★

275,00 € bis 7.500,00 € Rocco Forte Villa Kennedy · Kennedyallee 70 · 60596 Frankfurt

T +49 69 717 121 430 *W* roccofortehotels.com/hotels-and-resorts/villa-kennedy/

© Rocco Forte Hotels

Gastgeber:
Florian Steinmaier,
seit Januar 2020

AUSSTATTUNG UND FOKUS

Anzahl Zimmer & Suiten: 163 Zimmer, 36 Suiten

Fokus: Business/Family/Ferien/Lifestyle

Kinderfreundlich: Ja

Hotelgruppe: Rocco Forte Hotels

PHILOSOPHIE DES HAUSES

Jedes *Rocco Forte Hotel* reflektiert den authentischen Charakter seiner Stadt. Alle sind Sehenswürdigkeiten: befinden sich in herrschaftlichen Gebäuden, in außergewöhnlicher Lage. Höchste Qualitätsstandards sowie ein persönlicher, intuitiver Service sind ihnen gemein.

ALLEINSTELLUNGSMERKMALE

Das Fünf-Sterne-Hotel *Villa Kennedy* liegt nahe des südlichen Mainufers, im eleganten Frankfurter Stadtteil Sachsenhausen. Sie ist eine Oase der Ruhe inmitten der pulsierenden Stadt. Besonders hervorzuheben ist der mediterran anmutende Villengarten sowie der 1.000 m^2 große *Villa SPA*.

GASTRONOMIE

Anzahl der Restaurants: 1

- *Restaurant Gusto:* Authentisch italienische Speisen mit internationalem Einfluss. Die puristischen Gerichte mit leidenschaftlicher Aussage kombinieren die frischesten lokalen Erzeugnisse mit authentisch italienischen Rezepten.

WELLNESS

Größe des SPA: 1.000 m^2

Ausstattung und Besonderheiten SPA: 8 Behandlungsräume, Beauty Salon, Pool (15 m) Whirlpool, Finnische Sauna, Ruheraum, Gym, Yoga-Raum, Personal-, Yoga- und EMS-Training.

VERANSTALTUNGSRÄUME

Anzahl und Größe: 8 (320 Personen)

Veranstaltungstechnik: Tageslicht, Klimaanlage, Touchscreensteuerung, Leinwände, Beamer, Multimedia-Kabel, Extrawünsche a. A., Outdoor Events: 700 m^2 Villengarten.

Spezielle Tagungs-Services: Concierge-, Wäsche-, Pack-, Bügel- und Schuhputz-Service, Express-Check-In, Garage (120), WiFi-Zugang (inklusive), Baby- und Hundesitter, Limousinen- und Van-Transfer, Fahrräder auf Anfrage.

FREIZEITANGEBOT

Villa SPA, Fahrräder auf Anfrage, Sonstiges: Taylormade beim Concierge-Service zu erfragen.

LUXUS & HOSPITALITY
SIND TEIL UNSERER DNA
SEIT MEHR ALS 30 JAHREN.
Full-Service-Kommunikation aus einer Hand.
Wir sind für Sie da:
+49 (0) 89 179190 0
www.wilde.de
Wilde & Partner

ROMANTIK ROEWERS PRIVATHOTEL ★★★★★

169,00 € bis 379,00 € Romantik Roewers Privathotel · Wilhelmstrasse 34 · 18586 Ostseebad Sellin

T +49 38303 122 0 *W* roewers.de

© Burwitz & Pocha

Gastgeberin:
Dagmar Roewer,
seit 2011
(Eigentümerin seit 1999)

AUSSTATTUNG UND FOKUS

Anzahl Zimmer & Suiten: 29 Zimmer, 23 Suiten

Fokus: Family/Wellness/Ferien/Lifestyle

Kinderfreundlich: Ja

Hotelgruppe: Romantik Hotels & Restaurants

PHILOSOPHIE DES HAUSES

Private Atmosphäre mit unverwechselbarem Stil und Charme. Persönliche Note sowohl hinsichtlich Einrichtung als auch persönliche Betreuung der Gäste. Gehobener, klassisch moderner Komfort in historischem Villen-Ensemble. Wohlbefinden für Körper und Geist.

ALLEINSTELLUNGSMERKMALE

Bei uns findet der Gast herzliche Gastlichkeit mit Leidenschaft und Liebe zum Detail.

GASTRONOMIE

Anzahl der Restaurants: 2

- *Ambiance:* Regionale Küche mit heimischen Produkten und Pfiff.
- *Clou:* Weltoffen, innovativ, experimentierfreudig.

WELLNESS

Größe des SPA: 2.600 m^2

Ausstattung und Besonderheiten SPA: Hamam, Ayurveda, Sanddornbad mit Meersalz, Kosmetikprodukte von Clarins, ganzjährig geöffneter Rooftop Pool, Sauna.

FREIZEITANGEBOT

Yoga am Strand oder im Hotelpark, Fahrradverleih (auch E-Bikes).

© 12.18.

SCHLOSS FLEESENSEE

255,00 € bis 845,00 € Schloss Fleesensee · Schlossstraße 1 · 17213 Göhren-Lebbin

T +49 39932 8010 3500 *W* schlosshotel-fleesensee.com/

© 12.18.

Gastgeber:
Harald Schmitt,
seit 2017

AUSSTATTUNG UND FOKUS

Anzahl Zimmer & Suiten: 160 Zimmer, 19 Suiten

Fokus: Business/Wellness/Ferien/Lifestyle

Kinderfreundlich: Ja

Hotelgruppe: 12.18. Hotel Collection

PHILOSOPHIE DES HAUSES

»Endlich ich.« – Hier, inmitten der Ruhe und Abgeschiedenheit einer einzigartigen Natur, können Gäste in exklusiver Umgebung bei sich ankommen, den Alltag loslassen und neue Kraft schöpfen.

ALLEINSTELLUNGSMERKMALE

Ein historisches Schloss mit preisgekröntem und zeitgemäßem Design inmitten der einmaligen Naturlandschaft der Mecklenburgischen Seenplatte. Neben zahlreichen Aktivitäten erwartet die Gäste außergewöhnliche Kulinarik, teilweise aus der eigenen Landwirtschaft.

GASTRONOMIE

Anzahl der Restaurants: 2

- *Blüchers Gourmetbistro:* 15 Gault&Millau Punkte. Das Blüchers vereint traditionelle Rezepte mit der Raffinesse der Haute Cuisine im Ambiente der ehemaligen Schlosskapelle.
- *Orangerie:* In der Orangerie genießen Gäste ein Buffet mit Live Cooking oder wechselnde Menüs.

WELLNESS

Größe des SPA: 2.000 m²

Ausstattung und Besonderheiten SPA: Beheizter Outdoor Pool (25 m²), 6 Saunen (innen und außen), u. a. Sauerstoff-Sauna und Microsaltraum, Beauty-Anwendungen, Massage.

VERANSTALTUNGSRÄUME

Anzahl und Größe: 12 (bis 500 Personen)

Veranstaltungstechnik: Apple TV, Clickshare, befahrbarer Veranstaltungsraum.

Spezielle Tagungs-Services: U. a. Pausen-Yoga, Green Incentives wie Imkern oder »auf der Pirsch mit dem Schloss-Jäger«.

FREIZEITANGEBOT

Golf (5 Golfplätze), Tennis, Squash, Fitness, Radfahren, Wandern, Joggen, Wassersport (u. a. Segeln, Surfen, Bootsfahrten).

© Patrick Hellmann

SCHLOSSHOTEL ★★★★★ BERLIN BY PATRICK HELLMANN

ab 250,00 € Schlosshotel Berlin by Patrick Hellmann · Brahmsstraße 10 · 14193 Berlin

T +49 30 895 840 *W* schlosshotelberlin.com

© Schlosshotel Berlin by PatrickHellmann

Gastgeber:
Stefan Athmann,
seit 2019

AUSSTATTUNG UND FOKUS

Anzahl Zimmer & Suiten: 43 Zimmer, 10 Suiten

Fokus: Business/Family/Lifestyle

Kinderfreundlich: Ja

Hotelgruppe: Keine

PHILOSOPHIE DES HAUSES

Das *Schlosshotel Berlin by Patrick Hellmann* ist Berlins urbanes Fünf-Sterne-Hideaway und der ideale Rückzugsort, um dem Großstadttrubel zu entfliehen.

ALLEINSTELLUNGSMERKMALE

Das *Schlosshotel Berlin by Patrick Hellmann* mit seinem idyllischen Garten liegt im ruhigen Wohnviertel Grunewald, nahe dem Boulevard Kurfürstendamm. Seine 53 individuell eingerichteten Zimmer und Suiten mit ihrem eleganten Ambiente sind der ideale Rückzugsort für Reisende aus aller Welt.

GASTRONOMIE

Anzahl der Restaurants: 1

- Genießen Sie das von der italienischen Renaissance inspirierte Ambiente und freuen Sie sich auf eine kulinarische Mittelmeerreise, neu interpretiert von unserem Küchenchef.

WELLNESS

Größe des SPA: 400 m²

Ausstattung und Besonderheiten SPA: Ein Team ausgewählter Therapeuten bietet für Sie exklusiv ausgewählte und individuelle Behandlungen an.

VERANSTALTUNGSRÄUME

Anzahl und Größe: 5 (bis 40 Personen)

Spezielle Tagungs-Services: Wir bieten Gruppen außerdem die Möglichkeit, das gesamte Hotel zu reservieren, um exklusiven Zugang zu allen Einrichtungen und Annehmlichkeiten zu erhalten.

FREIZEITANGEBOT

Erleben Sie Berlin von seiner grünen Seite – bei einer Fahrradtour durch den Grunewald.

SCHLOSSHOTEL BURG SCHLITZ

265,00 € bis 555,00 € Schlosshotel Burg Schlitz · Burg Schlitz 1-2 · 17166 Hohen Demzin

T +49 3996 12700 *W* burg-schlitz.de

© RELAIS & CHÂTEAUX Schlosshotel Burg Schlitz

Gastgeber:
Manuela und Armin Hoeck, seit 2011

AUSSTATTUNG UND FOKUS

Anzahl Zimmer & Suiten: 16 Zimmer, 5 Suiten

Fokus: Family/Wellness/Ferien/Lifestyle

Kinderfreundlich: Ja

Hotelgruppe: Relais & Châteaux, Feine Privathotels

PHILOSOPHIE DES HAUSES

Burg Schlitz, der Ort an dem der Seele Flügel wachsen! Hier kommt man nicht durch Zufall vorbei. Doch wer einmal dem Zauber dieses magischen Ortes erliegt, der kehrt immer wieder zurück. Ein liebevoll konzipiertes Unikat mit langer Historie, Tradition und höchsten Ansprüchen.

ALLEINSTELLUNGSMERKMALE

Ein luxuriöses Landpalais inmitten eines 100 ha großen Privatparks. Hier öffnet Mecklenburg sein Herz und lässt tief hineinblicken. Die ideale Adresse für alle, die das gute und feine Leben auf dem Lande lieben, die Ruhe und Entspannung in stilvollem, exklusivem Ambiente mit bestem Service suchen.

GASTRONOMIE

Anzahl der Restaurants: 2

- *Brasserie Louise:* Französisches Bistro.
- *Fine Dining Restaurant im Wappen-Saal:* Zeitgeistige, regionale Gourmetküche mit französischem Akzent.

WELLNESS

Größe des SPA: 300 m²

Ausstattung und Besonderheiten SPA: Treatments von Ligne St. Barth und Pharmos Natur.

VERANSTALTUNGSRÄUME

Anzahl und Größe: 5 (bis 100 Personen)

Veranstaltungstechnik: Historische Ballsäle und Pavillons im Park bieten state-of-the-art Technik, Diskretion und besten Service.

FREIZEITANGEBOT

Wellness, Reiten (eigene Pferdeboxen), Jagen (eigenes Jagdrevier), Kutschfahrten, große und kleine Konzerte, Gourmet-Events.

SCHLOSSHOTEL HUGENPOET ★★★★★

160,00 € bis 820,00 € Schlosshotel Hugenpoet · August-Thyssen-Straße 51 · 45219 Essen

T +49 2054 1204 0 *W* hugenpoet.de

© Hauter & Eichentopf

Gastgeber:
Vivian J. Schiller,
seit Oktober 2018

AUSSTATTUNG UND FOKUS

Anzahl Zimmer & Suiten: 27 Zimmer, 9 Suiten

Fokus: Business/Family/Lifestyle

Kinderfreundlich: Ja

Hotelgruppe: Feine Privathotels, QL Hotels und Restaurants

PHILOSOPHIE DES HAUSES

Seit 1955 bereiten unsere persönlichen Assistenten mit Leidenschaft und einem Lächeln unseren Gästen unvergleichbar schöne Momente.

ALLEINSTELLUNGSMERKMALE

Das prachtvolle Erbstück, unweit der Messestädte Essen und Düsseldorf gelegen, ist ein elegantes Refugium für Privatgäste und Geschäftsleute, welche Ruhe und Entspannung in der Natur suchen.

GASTRONOMIE

Anzahl der Restaurants: 2 (+1 Bar)

- *Restaurant Laurushaus:* 1 Michelin-Stern. Fine Dining, aromenbetonte und ausdrucksstarke Küche.
- *Restaurant Hugenpöttchen in der Remise:* 14 Gault&Millau Punkte. Casual, frische Marktplatzküche.

VERANSTALTUNGSRÄUME

Anzahl und Größe: 7 (bis 120 Personen)

Veranstaltungstechnik: Standardtechnik, Erfüllung aller technischen Anforderungen durch unseren Technikpartner Scheulen.

Spezielle Tagungs-Services: Meetings, Incentives, Konferenzen. Hochzeiten inklusive Dekoration und Make-up, Torten sowie Shuttle-Service mit der hauseigenen Hotel-Limousine, andere private Festivitäten.

FREIZEITANGEBOT

Concierge-Service, Limousinen-Service, Stadtrundfahrten, Weltkulturerbe Zeche Zollverein, Villa Hügel.

SCHLOSSHOTEL KRONBERG ★★★★★

ab 300,00 € Schlosshotel Kronberg · Hainstraße 25 · 61476 Kronberg im Taunus

T +49 6173 3270923 *W* schlosshotel-kronberg.com

Gastgeber:
Dominik Ritz,
seit Juli 2020

AUSSTATTUNG UND FOKUS

Anzahl Zimmer & Suiten: 50 Zimmer, 11 Suiten

Fokus: Business/Family/Ferien/Lifestyle

Kinderfreundlich: Ja

Hotelgruppe: Unternehmensgruppe Prinz von Hessen

PHILOSOPHIE DES HAUSES

Die Unternehmensgruppe *Prinz von Hessen* verbindet Tradition mit Moderne und bietet unverwechselbare Erlebnisse und Produkte. Unser Handeln ist von Authentizität, Loyalität und Freundlichkeit geprägt und auf wirtschaftlich langfristigen Erfolg ausgerichtet.

ALLEINSTELLUNGSMERKMALE

Im Auftrag von Victoria Kaiserin Friedrich als Schloss Friedrichshof 1893 fertiggestellt, empfängt das *Schlosshotel Kronberg* seit 1954 Gäste aus aller Welt. Die einmalige Antiquitätensammlung aus dem Privatbesitz der Kaiserin verleiht dem Fünf-Sterne-Superior-Haus das besondere Ambiente.

GASTRONOMIE

Anzahl der Restaurants: 3

- *Schlossrestaurant:* Michelin Assiette, 14 Gault&Millau Punkte, 3 Schlemmer Atlas Kochlöffel, Feinschmecker FF. Im Schlossrestaurant können Sie exquisite Speisen mit erlesenen Zutaten in einer historischen Atmosphäre genießen.
- *Cottage Biergarten:* Der *Cottage Biergarten* vereint britisches Flair und deutsche Biergartenkultur inmitten des Schlossparks.
- *Enrico D'Assia:* Deutsch-italienisches Restaurant.

WELLNESS

Ausstattung und Besonderheiten SPA: Im *Beauty Cottage* bieten wir von Massagen über Face- und Body Treatments bis hin zu Hairstyling verschiedene Behandlungen.

VERANSTALTUNGSRÄUME

Anzahl und Größe: 8 (bis 350 Personen)

Veranstaltungstechnik: Mit unserem Technikpartner verwirklichen wir die individuellen Anforderungen unserer Kunden.

Spezielle Tagungs-Services: Mit den historischen Festsälen und dem Schlosspark bildet das Schlosshotel Kronberg einen passenden Rahmen für erfolgreiche Konferenzen und stilvolle Familienfeiern.

FREIZEITANGEBOT

Inmitten des Schlossparks befindet sich der idyllisch gelegene 18-Loch-Golfplatz. Zudem gibt es mehrere Tennisplätze.

SCHLOSSHOTEL MÜNCHHAUSEN ★★★★★

170,00 € bis 650,00 € Schlosshotel Münchhausen · Schwöbber 9 · 31855 Aerzen

T +49 5154 706 00 *W* schlosshotel-muenchhausen.com

© Schlosshotel Münchhausen

Gastgeber:
Thomas Bonanni,
seit Januar 2015

AUSSTATTUNG UND FOKUS

Anzahl Zimmer & Suiten: 58 Zimmer, 10 Suiten

Fokus: Business/Wellness/Ferien/Lifestyle

Kinderfreundlich: Ja

Hotelgruppe: Feine Privathotels

PHILOSOPHIE DES HAUSES

Herzlichkeit und gelebte Gastfreundschaft, gepaart mit leidenschaftlichem Service.

ALLEINSTELLUNGSMERKMALE

Weitläufige Weserrenaissance-Schlossanlage von 1570, mitten im Naturpark Weserbergland, umgeben von einem 8 ha großen Schlosspark. Das mit Liebe zum Detail restaurierte Märchenschloss mit Standesamt und Kapelle verbindet mit einem stylischen Schlossbaranbau Historie und Moderne.

GASTRONOMIE

Anzahl der Restaurants: 3 (+1 Bar)

- *Gourmet-Restaurant:* 1 Michelin-Stern, 17 Gault&Millau Punkte. Haute cuisine à la française mit mediterranen Zwischentönen, ein Erlebnis für alle Feinschmecker.
- *1570- Petit Gourmet:* Casual Fine Dining, locker, leicht und ungezwungen.
- *Schlosskeller:* Casual, feine Klassiker mit regionalem Einfluss.

WELLNESS

Größe des SPA: 800 m^2

Ausstattung und Besonderheiten SPA: Pool (18 m), Sanarium, Dampfbäder, Finnische Sauna, InfraPLUS Seats, Salina Lounge, Massage-, Körper- und Kosmetikanwendungen.

VERANSTALTUNGSRÄUME

Anzahl und Größe: 12 (bis 300 Personen)

Veranstaltungstechnik: Standardtechnik, weitere Tagungstechnik auf Wunsch möglich.

Spezielle Tagungs-Services: Incentives, Konferenzen, Pressemitteilungen, Rahmenprogramme, Teambuilding, private Veranstaltungen, Hochzeiten (Kapelle und Standesamt vor Ort).

FREIZEITANGEBOT

2 angrenzende 18-Loch-Golfplätze, eigene Kulturangebote (Konzerte, Lesungen, Events), Wandern, Radfahren (Fahrräder verfügbar).

SIDE DESIGN HOTEL HAMBURG ★★★★★

Ab 160,00 € Side Design Hotel Hamburg · Drehbahn 49, 20354 Hamburg

T +49 40 309 990 *W* side-hamburg.de

© Seaside Collection

Gastgeber: Alex Obertop, seit 2014

AUSSTATTUNG UND FOKUS

Anzahl Zimmer & Suiten: 168 Zimmer, 10 Suiten

Fokus: Business/Wellness/Lifestyle

Kinderfreundlich: Ja

Hotelgruppe: Seaside Hotels, Design Hotels

PHILOSOPHIE DES HAUSES

Die Seele des *Side Hotels* sind seine Mitarbeiter, die jeden Tag mit großer Leidenschaft die Gäste begeistern wollen. Ein herzlicher Service und die natürliche Freundlichkeit, verbunden mit dem hochwertigen Design, machen das *Side Hotel* zu einem außergewöhnlichen Erlebnis.

ALLEINSTELLUNGSMERKMALE

Minimalismus pur – eine Fassade aus Naturstein und Glas bilden das Gerüst des *Side Design Hotels* im Hamburger Stadtzentrum. Konträr zur cleanen Architektur wurde die Inneneinrichtung warm und harmonisch mit hochwertigen Materialien vom Mailänder Designer Matteo Thun gestaltet.

GASTRONOMIE

Anzahl der Restaurants: 1

- *{m}eatery bar + restaurant:* Hier treffen sich Steakliebhaber und feiern gemeinsam den ganz großen Genuss. Denn *[m]eatery bar + restaurant* steht für faszinierendes Ambiente ebenso wie für die kompromisslose, streng kontrollierte Qualität unseres Fleisches.

WELLNESS

Größe des SPA: 450 m²

Ausstattung und Besonderheiten SPA: Pool mit integriertem Jacuzzi, Sauna und Dampfbad, Gesichts- und Körperbehandlungen sowie Fitnessbereich.

VERANSTALTUNGSRÄUME

Anzahl und Größe: 10 (bis 300 Personen)

Veranstaltungstechnik: Leinwand, Beamer, Flipchart, Promethan, Webcam mit Mikrofon, White Board, Mikrofon.

Spezielle Tagungs-Services: Tagungen, Meetings, Incentives, Events, hybride Veranstaltungen.

FREIZEITANGEBOT

Wassersport an der Alster oder Elbe, Shopping, Kultur, Sightseeing, Kulinarik.

© Steve Herud

SO/ BERLIN DAS STUE ★★★★★

280,00 € bis 4.000,00 € SO/ Berlin Das Stue · Drakestraße 1 · 10787 Berlin

T +49 303117220 *W* so-berlin-das-stue.com

© Elena Breuer

Gastgeber: Alexander Doerr, seit Juni 2015

AUSSTATTUNG UND FOKUS

Anzahl Zimmer & Suiten: 59 Zimmer, 19 Suiten

Fokus: Business/Family/Wellness/Ferien/Lifestyle

Kinderfreundlich: Ja

Hotelgruppe: Accor, SO/Hotels & Resorts

PHILOSOPHIE DES HAUSES

Das klassizistische Gebäude beherbergte einst die königliche dänische Gesandtschaft. »Stue« ist dänisch für Wohnzimmer. Einfühlsam renoviert, bieten die 78 Zimmer und Suiten des *SO/Berlin Das Stue* traumhafte Blicke über den Tiergarten Park oder den Berliner Zoo.

ALLEINSTELLUNGSMERKMALE

Eine einzigartige Lage im grünen Herzen Berlins, und hinter der denkmalgeschützten Fassade fühlt man sich dank der offenen Raumgestaltung mit viel Tageslicht wie in einem eleganten Wohnzimmer. Innen beleben und berühren kunstvolles Interior Design, Sterneküche und Barkultur.

GASTRONOMIE

Anzahl der Restaurants: 2

- *Cinco by Paco Pérez:* 1 Michelin-Stern. Spanische Avantgardeküche.
- *The Casual:* All Day Dining Restaurant, hier wird bei neu interpretierten Tapas Gesellschaft genossen und zelebriert.

WELLNESS

Größe des SPA: 260 m²

Ausstattung und Besonderheiten SPA: Unser *Susanne Kaufmann SPA* überzeugt durch die Heilkraft der Pflanzenwelt mit ihren natürlichen aktiven Inhaltsstoffen.

VERANSTALTUNGSRÄUME

Anzahl und Größe: 2 (bis 200 Personen)

Veranstaltungstechnik: Hybrid Meetings, Zoom-Konferenz mit Audio in und Audio out inklusive Bildschirm und Beschallung.

Spezielle Tagungs-Services: Besondere Tage oder Termine noch besonderer machen: Zur Hochzeit im Luxus schwelgen, dem Abendessen eine Prise Mondänität verleihen. Auch Pressekonferenzen und Besprechungen möglich.

FREIZEITANGEBOT

Der private Eingang zum Zoo, E-Bikes zum Ausleihen, Museen und der Kudamm sind fußläufig erreichbar.

SOFITEL HAMBURG ALTER WALL ★★★★★

240,00 € bis 450,00 € Sofitel Hamburg Alter Wall · Alter Wall 40 · 20457 Hamburg

T +49 40 369 50 2916 *W* sofitel-hamburg.com

Gastgeber:
Emiel van Dijk,
seit August 2019

AUSSTATTUNG UND FOKUS

Anzahl Zimmer & Suiten: 223 Zimmer, 18 Suiten

Fokus: Business/Wellness/Lifestyle

Kinderfreundlich: Ja

Hotelgruppe: Accor

PHILOSOPHIE DES HAUSES

Jedes *Sofitel* ist eine einmalige Liaison aus französischem Art de vivre und einheimischer Raffinesse. Am ruhigen Alsterfleet bietet das *Sofitel Hamburg Alter Wall* Fünf-Sterne-Komfort im historischen Kern der Hafenstadt mit Boutiquen, Theatern und Nachtleben.

ALLEINSTELLUNGSMERKMALE

Erleben Sie einen kühnen Mix aus Luxus und Purismus, High-End-Funktionalität und zeitgenössischem Dekor. Polierter Beton erinnert an Hamburgs industrielle Vergangenheit, während Carrara-Marmor und abstrakte Kunstobjekte französische Eleganz verströmen.

GASTRONOMIE

Anzahl der Restaurants: 1 (+1 Bar)

- *Ristorante Ticino:* Das *Ticino* bietet Ihnen mit regionalen Produkten eine genussvolle Interpretation der mediterranen Küche.
- *Seven Heads Bar:* Die einzige Bar in der Stadt mit Außensitzplätzen direkt am Alsterfleet.

WELLNESS

Größe des SPA: 499 m²

Ausstattung und Besonderheiten SPA: Fitness Center, Canyon Pool, Sauna, Dampfbad, Massagen, Körper- und Gesichtsbehandlungen.

VERANSTALTUNGSRÄUME

Anzahl und Größe: 19 (bis 500 Personen)

Veranstaltungstechnik: Erfüllung aller technischen Anforderungen durch Technikpartner KFP.

Spezielle Tagungs-Services: Meetings, Konferenzen, Tagungen, Ausstellungen, Produktveranstaltungen, private Veranstaltungen.

FREIZEITANGEBOT

Ob mit dem *Sofitel »Velo«*, zu Fuß oder mit der Barkasse vom hoteleigenen Bootsanleger – das *Sofitel Hamburg Alter Wall* ist der perfekter Ausgangspunkt für Ihre Tour durch die Stadt.

© Ydo Sol

SÖL'RING HOF ★★★★★

495,00 € bis 1.295,00 € Söl'ring Hof · Am Sandwall 1 · 25980 Sylt/Rantum

T +49 4651 836 200 *W* soelring-hof.de

© Magulski

Gastgeber:
Johannes King
seit 2000 (Eröffnung)

AUSSTATTUNG UND FOKUS

Anzahl Zimmer & Suiten: 13 Zimmer, 2 Suiten

Fokus: Business/Family/Wellness/Ferien/Lifestyle

Kinderfreundlich: Ja

Hotelgruppe: Hommage Luxury Hotels Collection

PHILOSOPHIE DES HAUSES

Ein einzigartiges Zwei-Sterne-Restaurant und Fünf-Sterne-Hotel auf Sylt, eine in jeder Hinsicht herausragende Einzellage mitten in den Dünen. 15 Zimmer bieten den Gästen allen erdenklichen Luxus. SPA mit Sauna, Dampfbad und Fitnessraum. Kochkurse und Degustationen.

ALLEINSTELLUNGSMERKMALE

Das Hotel ist bis 19 Uhr den Hausgästen vorbehalten. Gastgeber Johannes King begrüßt die Gäste seit 20 Jahren. Das Team praktiziert einen unaufdringlichen, perfekten und familiären Service. Wünsche werden erfüllt, bevor sie ausgesprochen sind.

GASTRONOMIE

Anzahl der Restaurants: 1

- *Söl'ring Hof:* 2 Michelin-Sterne, 18 Gault&Millau Punkte, Restaurant des Jahres, Koch des Jahres (Feinschmecker), 9+ Gusto-Pfannen. Küchenchef Jan-Philipp Berner – Mitglied der *Jeunes Restaurateurs d'Europe* – setzt auf bodenständige und ehrliche Produkte. Orientiert an den Jahreszeiten werden in der Restaurantküche hauptsächlich regionale Zutaten verwendet. Sommelière: Bärbel Ring.

WELLNESS

Größe des SPA: 150 m^2

Ausstattung und Besonderheiten SPA: Sauna, Dampfbad, Fitnessraum, Massagen, Personal Trainer auf Wunsch.

VERANSTALTUNGSRÄUME

Anzahl und Größe: 1 (bis 10 Personen)

Veranstaltungstechnik: Alles, was gewünscht wird.

FREIZEITANGEBOT

4 Golfplätze, Tennis, Reiten, Fallschirmspringen, Flugunterricht, Wattwanderungen, Surfkurse, Segelkurse – alles in Reichweite.

SÖL'RING HOF

© Ydo Sol

STEIGENBERGER FRANKFURTER HOF ★★★★★

225,00 € bis 13.500,00 € Steigenberger Frankfurter Hof · Am Kaiserplatz · 60311 Frankfurt Main

T +49 69 215 02 *W* steigenberger.com/hotels/alle-hotels/deutschland/frankfurt/steigenberger-frankfurter-hof

© Frankfurter Hof

Gastgeber:
Spiridon Sarantopoulos,
seit Dezember 2017

AUSSTATTUNG UND FOKUS

Anzahl Zimmer & Suiten: 261 Zimmer, 42 Suiten

Fokus: Business/Family/Wellness

Kinderfreundlich: Ja

Hotelgruppe: Steingenberger Hotels & Resorts / Deutsche Hospitality

PHILOSOPHIE DES HAUSES

Tradition trifft auf Moderne: Als lebendiges Denkmal der Fünf-Sterne-Superior-Hotellerie bietet es seinen Gästen den Glanz und Charme längst vergangener Tage. Die 261 Zimmer und 42 Suiten wurden im Jahre 2012 renoviert und bieten exklusiven Annehmlichkeiten den perfekten Raum.

ALLEINSTELLUNGSMERKMALE

Seit über 140 Jahren empfängt der *Steigenberger Frankfurter Hof* anspruchsvolle Gäste aus aller Welt. Das Grand Hotel liegt im Herzen der Stadt, nur wenige Gehminuten von den Geschäfts- und Einkaufszentren sowie den kulturellen Attraktionen der Wirtschaftsmetropole am Main entfernt.

GASTRONOMIE

Anzahl der Restaurants: 2

- *Français:* 1 Michelin-Stern, 17 Gault&Millau Punkte, 4 Feinschmecker-Fs. Verführt seine Gäste mit Geschmackserlebnissen auf Sterne-Niveau und einer »Weinbibel« von über 500 Positionen.
- *Brasserie Moderne OSCAR's:* Hier verschmilzt lebendiger Art déco-Charme mit internationaler, zeitgemäßer Küche.

WELLNESS

Größe des SPA: 1.000 m^2

Ausstattung und Besonderheiten SPA: Belebende SPA-Anwendungen wie ein Hamam, das orientalische Rasul oder individuell abgestimmte Massagen.

VERANSTALTUNGSRÄUME

Anzahl und Größe: 17 (bis 500 Personen)

Veranstaltungstechnik: Ballsaal mit übergroßer LED-Wand, flexible Raumgestaltung sowie Flachbildschirme in den Boardrooms.

Spezielle Tagungs-Services: Unser Green-Meeting-Konzept leistet über alle (Planungs-)Phasen einer Veranstaltung hinweg einen wichtigen Beitrag zum ökologisch bewussten Handeln.

FREIZEITANGEBOT

Maintower, der Römer, die historische neue Altstadt oder das Mainufer mit Blick auf die Skyline sind nur wenige Schritte entfernt.

STEIGENBERGER GRAF ZEPPELIN

159,00 € bis 3.500,00 € Steigenberger Graf Zeppelin · Arnulf-Klett-Platz 7 · 70173 Stuttgart

T +49 711 204 80 *W* stuttgart.steigenberger.de

© Hotel Steigenberger Graf Zeppelin

Gastgeber:
Bernd A. Zängle,
seit Dezember 2017

AUSSTATTUNG UND FOKUS

Anzahl Zimmer & Suiten: 117 Zimmer, 38 Suiten

Fokus: Business/Family/Wellness/Ferien

Kinderfreundlich: Ja

Hotelgruppe: Deutsche Hospitality

PHILOSOPHIE DES HAUSES

Gastfreundschaft ist unsere Maxime. Im Herzen Stuttgarts begeistern wir anspruchsvolle Business- und Freizeitgäste aus der ganzen Welt mit elegantem Service, luxuriösen Zimmern sowie einer Vielfalt an ausgesuchter Kulinarik.

ALLEINSTELLUNGSMERKMALE

Das *Steigenberger Graf Zeppelin* führt mit dem *OLIVO* das einzige Zwei-Sterne-Restaurant in Stuttgart. Die Lage direkt gegenüber des historischen Hauptbahnhofs und wenige Meter entfernt von der Einkaufsmeile Königstraße ist optimal. Das Hotel verfügt über eine Zigarrenlounge mit erlesenem Sortiment.

GASTRONOMIE

Anzahl der Restaurants: 4

- *Restaurant Zeppelino'S:* Steakhouse.
- *Restaurant Zeppelin Stüble:* Regionale Spezialitäten.
- *Restaurant OLIVO:* 2 Michelin-Sterne, 15 Gault&Millau Punkte, 4 Varta-Diamanten, Hornstein Ranking. Französisch-asiatisch.
- *Restaurant Graf Zeppelin:* Buffetrestaurant, Frühstück und Bankett.

WELLNESS

Größe des SPA: 350 m²

Ausstattung und Besonderheiten SPA: Finnische Sauna, Aromadampfbad, Beauty-Anwendungen, Massagen, Fitnessbereich.

VERANSTALTUNGSRÄUME

Anzahl und Größe: 11 (bis 500 Personen)

Veranstaltungstechnik: Umweltfreundliche Tagungsmaterialien, CO_2-kompensierte Meetings.

Spezielle Tagungs-Services: Professionelle Betreuung ab dem Moment der Anfrage. Bei Festen stellt unsere hauseigene Floristin entsprechende Bouquets zusammen.

FREIZEITANGEBOT

50 m vom Hauptbahnhof entfernt liegt das Haus fußläufig zu touristischen Attraktionen wie der Königstraße (Haupteinkaufsstraße), der Stuttgarter Oper, dem Schlossplatz oder der Staatsgalerie.

RECEPT
Hier

STEIGENBERGER ★★★★★ GRANDHOTEL HANDELSHOF

169,00 € bis 449,00 € Steigenberger Grandhotel Handelshof · Salzgäßchen 6 · 04109 Leipzig

T +49 341 350 5810 *W* steigenberger.com/leipzig

© Kontrast ApS. · Claes Bech-Poulsen

Gastgeber:
Guntram Weipert,
seit 2019

AUSSTATTUNG UND FOKUS

Anzahl Zimmer & Suiten: 163 Zimmer, 14 Suiten

Fokus: Business/Lifestyle

Kinderfreundlich: Ja

Hotelgruppe: Steigenberger Grandhotel Handelshof, Steigenberger Hotels & Resorts

PHILOSOPHIE DES HAUSES

Im Kern unserer Welt als Gastgeber aus Leidenschaft steht die Verbindung aus gelebter Tradition und dem Wunsch nach Einfachheit, die in der heutigen Welt das höchste Maß an Luxus definiert. Qualitätsbewusstsein zu jeder Zeit und mit allen Sinnen erleben.

ALLEINSTELLUNGSMERKMALE

Das »Grandhotel« in unserem Namen unterstreicht den Anspruch und die Aufmerksamkeit, den die traditionsreiche Hotelmarke *Steigenberger Hotels & Resorts* auf ihre Häuser legt. Im Herzen der Stadt Leipzig verleiten wir unsere Gäste dazu, in eine Welt aus natürlichem Luxus einzutauchen.

GASTRONOMIE

Anzahl der Restaurants: 2

- *Brasserie & Bar Le Grand:* Eine kulinarische Reise rund um den Globus, in leichten und spannenden, neuen Kombinationen interpretiert. Traditionelles aus Europa wird mit sanftem asiatischen Einfluss auf eine völlig neue Ebene bewegt.

WELLNESS

Größe des SPA: 350 m^2

Ausstattung und Besonderheiten SPA: SPA World Premium auf 2 Etagen mit Fitness, Saunen, Dampfbad, Wasserliegen, kosmetischen Anwendungen sowie Massagen.

VERANSTALTUNGSRÄUME

Anzahl und Größe: 6 (bis 260 Personen)

Veranstaltungstechnik: Innovative Tagungstechnik wird durch einen externen Dienstleister zur Verfügung gestellt.

Spezielle Tagungs-Services: Vom Board-Meeting bis zur Hochzeit, vom Messeevent bis zur Firmenfeier. Alle Bereiche haben Green-Meeting-Services und Tageslicht. Digitale Eventplaner und virtuelle Live-Touren.

FREIZEITANGEBOT

Neben dem historischen Rathaus gelegen, stehen Kunst, Kultur und das in eine neue Ära aufbrechende Leipzig offen zur Erkundung.

Dr. Dr. Stein Tveten über 6.000 Augenlid-OP's seit 1998

DURCHSCHNITTLICH 7 JAHRE

dauert es bis zur Entscheidung eine Schönheitsoperation durchzuführen. Studien belegen, dass rund 17 Prozent aller Befragten eine Beauty-OP in Erwägung ziehen, sich jedoch nicht trauen, einen Termin beim Spezialisten auszumachen. Das Informationsbedürfnis ist groß!

Hierzu haben wir eine Palette an Informationsmöglichkeiten geschaffen: Videos, Berichte und Informationsveranstaltungen: www.steintveten.com

ST™

DR. DR.
STEIN TVETEN
aesthetic clinic

www.steintveten.com

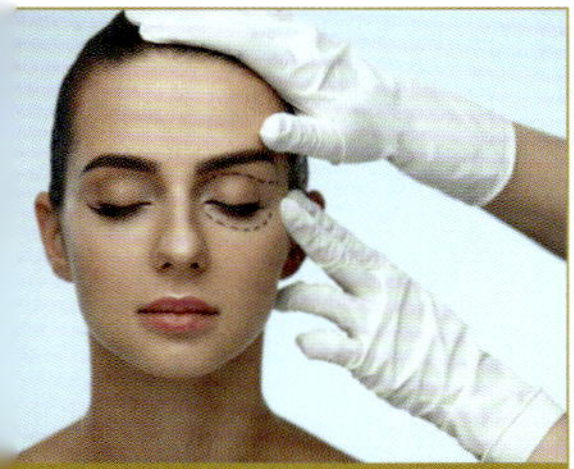
Augenlidkorrekturen

Hals- und Facelift

Faltenunterspritzung

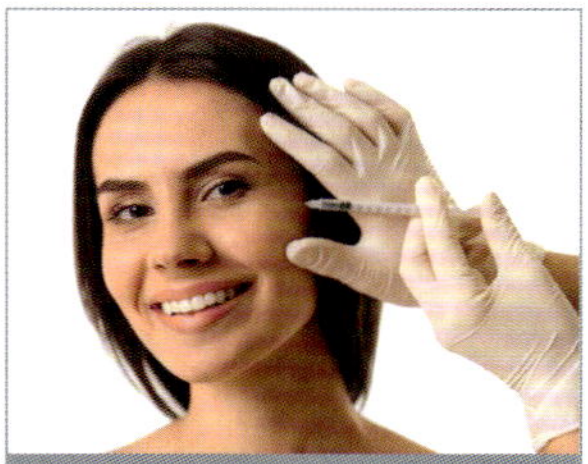
Botulinum Toxin

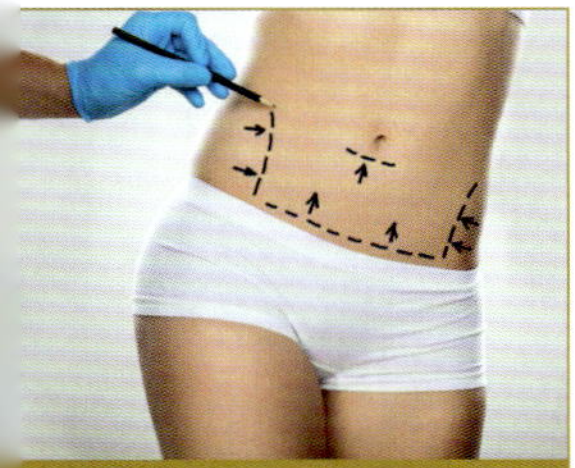
Fettabsaugung

Eigenfetttransplantation

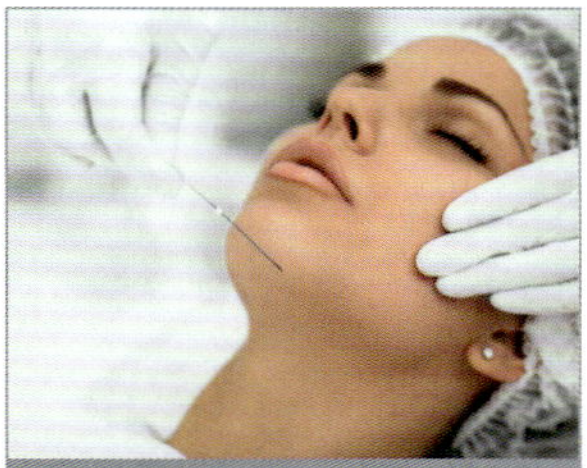
Fadenlifting

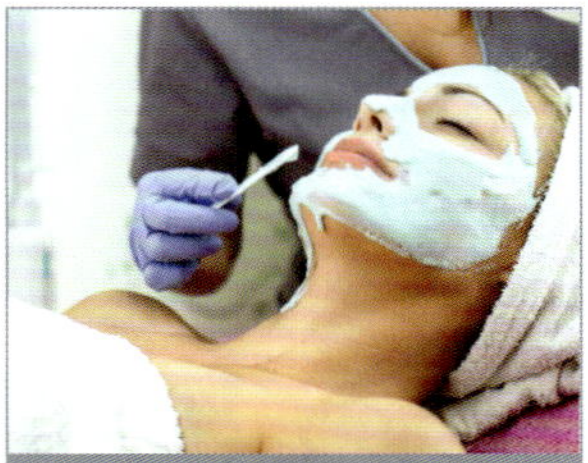
Medizinische Peelings

Nasenkorrektur

Ohrkorrektur

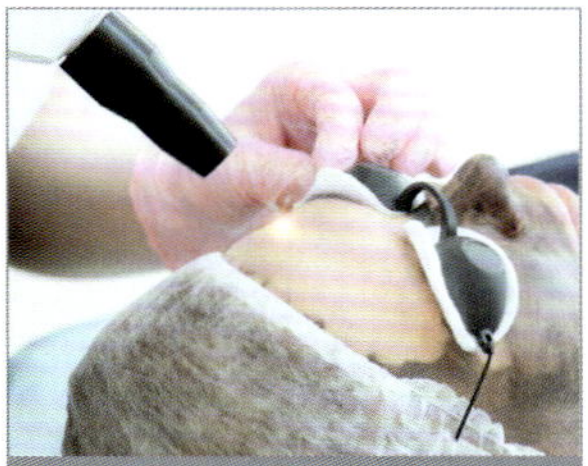
Laserbehandlungen

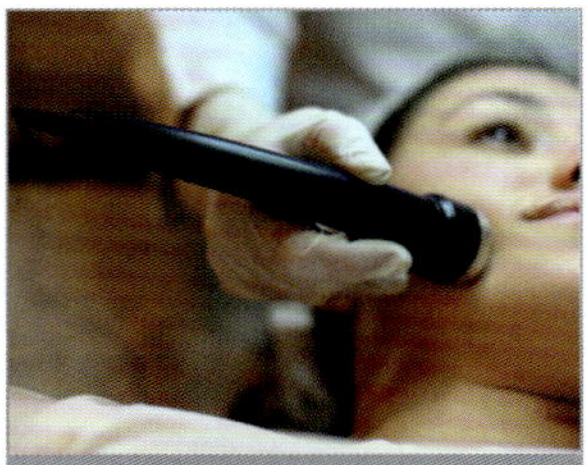
Elektroporation

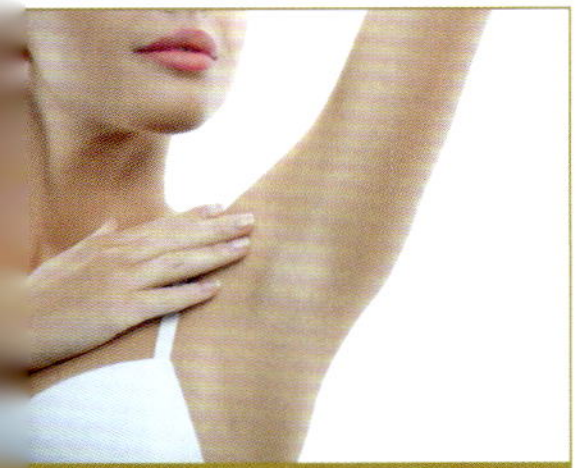
Schweißdrüsenentfernung

Brustkorrekturen

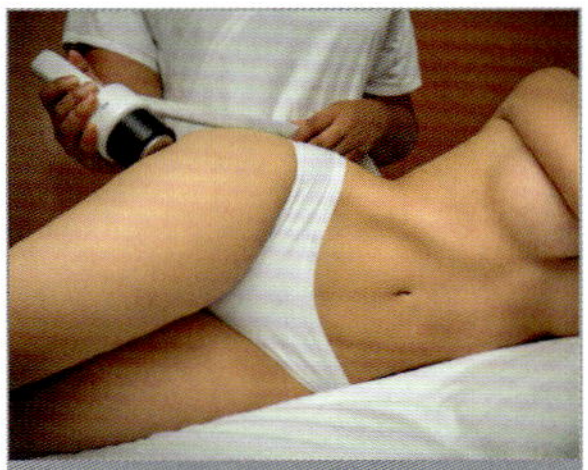
Akustische Wellentherapie

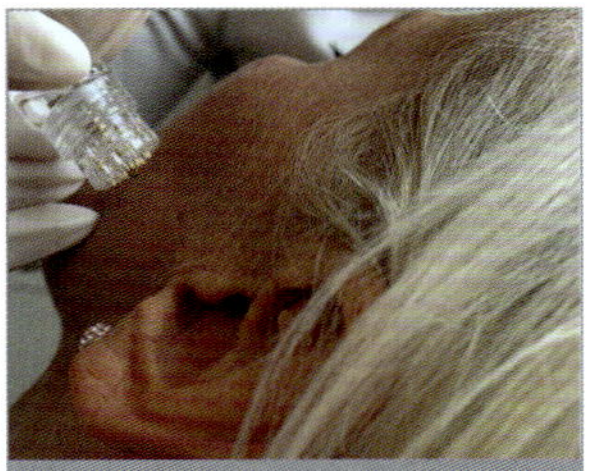
Gold Touch

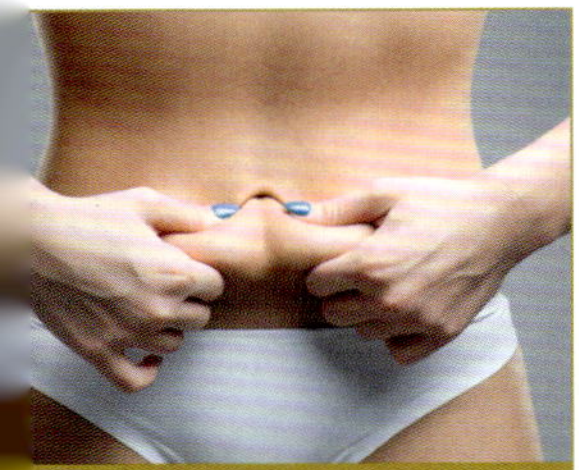
Bauchstraffung

Mommy Makeover

Haartransplantation

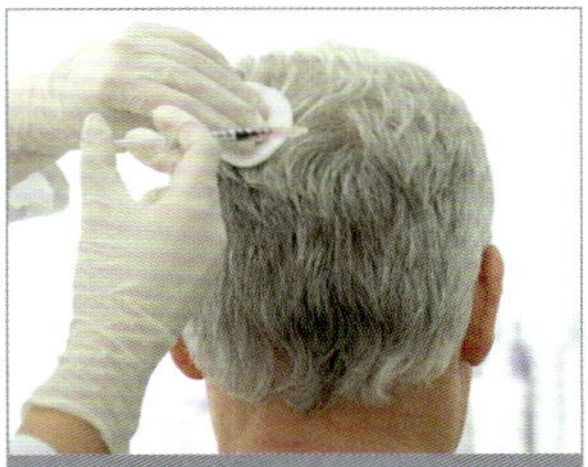
Eigenbluttherapie

Detaillierte Informationen zu den Behandlungen unter: www.steintveten.com

© Steigenberger AG

STEIGENBERGER HOTEL DER SONNENHOF ★★★★★

140,00 € bis 430,00 € Steigenberger Hotel Der Sonnenhof · Hermann-Aust-Str. 11 · 86825 Bad Wörishofen

T +49 8247 959 550 *W* spahotel-sonnenhof.de

© Peter Messner

Gastgeber: Peter Messner, seit 2004

AUSSTATTUNG UND FOKUS

Anzahl Zimmer & Suiten: 143 Zimmer, 13 Suiten

Fokus: Business/Wellness/Ferien

Kinderfreundlich: Ja

Hotelgruppe: Deutsche Hospitality, Steigenberger Hotels & Resorts

PHILOSOPHIE DES HAUSES

Im *Sonnenhof* stehen alle Zeichen auf Entschleunigung. Schluss mit Hektik und Stress. Bei uns können Sie in paradiesischer Atmosphäre neue Energie tanken und den Kopf frei bekommen. Nach wenigen Tagen fühlen Sie sich frisch erholt und bereit für die Anforderungen des Lebens.

ALLEINSTELLUNGSMERKMALE

Traumhafter, 3.000 m² großer SPA-Bereich mit ganzjährig beheiztem Infinity Outdoor Pool und 3 Indoor Pools. Große Restaurantvielfalt direkt im Haus. Fantastische, ruhige Lage am Ortsrand, ganzjährig perfekt zu erreichen mit Auto oder Bahn. Urlaub, wie Sie ihn sich verdient haben!

GASTRONOMIE

Anzahl der Restaurants: 3

- *CALLA:* Euro-asiatische Spezialitäten und Showküche
- *König Ludwig Lounge:* Modern inszenierte, regionale Küche.
- *Bistro & Brasserie Petit Plaisir:* Ein kulinarischer Streifzug durch Frankreich.

WELLNESS

Größe des SPA: 3.000 m²

Ausstattung und Besonderheiten SPA: 2019 eröffneter, ganzjährig beheizter Infinity Outdoor Pool, 3 Indoor Pools, Saunen, Dampfbäder, Fitness- und Gymnastikraum, Anwendungen von klassisch bis Ayurveda, Beauty Salon mit Friseur, CoolSculpting Center.

VERANSTALTUNGSRÄUME

Anzahl und Größe: 12 (bis 250 Personen)

Veranstaltungstechnik: Modernes, voll ausgestattetes Tagungszentrum *INSPIRA*, auch befahrbar.

Spezielle Tagungs-Services: Eventkapazitäten bis 300 Personen, alle Räume mit Tageslicht und schnellem Zugang zum großen Hotelpark und der *INSPIRA*-Terrasse. Inspirierendes Tagen im Grünen!

FREIZEITANGEBOT

Traumhafte Golf-Landschaft (ab 30 € Greenfee), E-Bikes im Haus, Tennis, Wandern, zahlreiche Ausflugsziele.

STEIGENBERGER

STEIGENBERGER HOTEL HAMBURG ★★★★★

139,00 € bis 329,00 € Steigenberger Hotel Hamburg · Heiligengeistbrücke 4 · 20459 Hamburg

T +49 40 36806 180 *W* hamburg.steigenberger.de

Gastgeber:
Moritz Klein,
seit Dezember 2017

AUSSTATTUNG UND FOKUS

Anzahl Zimmer & Suiten: 221 Zimmer, 12 Suiten

Fokus: Business/Family/Ferien

Kinderfreundlich: Ja

Hotelgruppe: Deutsche Hospitality, Steigenberger Hotels AG

PHILOSOPHIE DES HAUSES

Luxus pur und Gastfreundschaft in Vollendung – dafür steht das *Steigenberger Hotel Hamburg.* Tauchen Sie ein in einen exklusiven Kosmos voller Charakter, Glamour und Eleganz.

ALLEINSTELLUNGSMERKMALE

Das Hotel bietet typisch hanseatische Architektur mit Blick auf das Alsterfleet. In unmittelbarer Nähe des Luxushotels laden Shopping-Passagen zum Bummeln ein. Das historische Rathaus, die Innen- und Speicherstadt und die HafenCity erreichen Sie in nur wenigen Gehminuten.

GASTRONOMIE

Anzahl der Restaurants: 2

- *Bistro am Fleet:* Leichte, regionale Küche und wechselndes Angebot an Business Lunches, große Auswahl an hausgemachten Kuchen und Getränke an der Pianobar.
- *Restaurant am Fleet:* Frühstücksrestaurant mit Blick über das Alsterfleet.

VERANSTALTUNGSRÄUME

Anzahl und Größe: 10 (bis 300 Personen)

Veranstaltungstechnik: Kostenfreies WLAN, Klimatisierung, elektrische Verdunklung, Trennwände, Leinwand, Deckenbeamer.

Spezielle Tagungs-Services: Unser Green-Meeting-Konzept leistet über alle (Planungs-)Phasen einer Veranstaltung hinweg einen wichtigen Beitrag zum ökologisch bewussten Handeln.

FREIZEITANGEBOT

Erleben Sie die Hansestadt von ihrer weltoffenen, bunten und multikulturellen Seite. Auf Ihre Wünsche gehen wir individuell ein.

© Steigenberger AG

STEIGENBERGER ★★★★★ PARKHOTEL DÜSSELDORF

175,00 € bis 2.335,00 € Steigenberger Parkhotel Düsseldorf · Königsallee 1a · 40212 Düsseldorf

T +49 211 1381 591 *W* duesseldorf.steigenberger.de

© Steigenberger Parkhotel

Gastgeber:
Carsten Fritz,
seit 2014

AUSSTATTUNG UND FOKUS

Anzahl Zimmer & Suiten: 119 Zimmer, 11 Suiten

Fokus: Business

Kinderfreundlich: Ja

Hotelgruppe: Deutsche Hospitality

PHILOSOPHIE DES HAUSES

Seit mehr als 115 Jahren stehen wir für Tradition und Moderne. Wir setzen auf ein Maximum an Perfektion und widmen uns unseren Gästen mit Herz und Seele, um unvergleichliche Momente für sie zu schaffen. Unser Anspruch ist Exzellenz auf ganzer Linie.

ALLEINSTELLUNGSMERKMALE

Die *Deutsche Hospitality* schöpft Kraft aus einer mehr als 80-jährigen Geschichte. Wir schauen über den Tellerrand und verbinden unsere Tradition mit zukunftsweisenden Ideen. Der frische Mix aus Internationalität, Dynamik und Innovationskraft begeistert Menschen weltweit.

GASTRONOMIE

Anzahl der Restaurants: 2 (+1 Bar)

- *Steigenberger Eck mit Sommerterrasse:* Casual, große Champagnerauswahl, mit regionaler und internationaler Küche und neu interpretierten Klassikern.
- *Fine-Dining-Restaurant Artiste:* International, mit modernem und experimentellem Twist.
- *Etoile Bar:* Klassische Abendbar.

WELLNESS

Größe des SPA: 600 m²

Ausstattung und Besonderheiten SPA: Sauna- und Fitnessarea u. a. mit Kinsesiswand.

VERANSTALTUNGSRÄUME

Anzahl und Größe: 6 (bis 220 Personen)

Veranstaltungstechnik: modernste Tagungstechnik, Erfüllung aller technischen Anforderungen durch Technikpartner KFP.

Spezielle Tagungs-Services: Meetings, Incentives, Konferenzen, Hochzeiten (inklusive Hochzeitsplanerin, Bachelorette Party, Dekoration und Make-up, Torte, Shuttle-Service), private Feierlichkeiten.

FREIZEITANGEBOT

Limousinen-Stadtrundfahrt.

THE WESTIN GRAND FRANKFURT ★★★★★

Ab 150,00 € The Westin Grand Frankfurt · Konrad-Adenauer-Strasse 7 · 60313 Frankfurt

T +49 69 29810 *W* westingrandfrankfurt.com

Gastgeber:
Peter Reischl,
seit Mai 2017

AUSSTATTUNG UND FOKUS

Anzahl Zimmer & Suiten: 372 Zimmer, 17 Suiten

Fokus: Business/Family/Wellness/Lifestyle

Kinderfreundlich: Ja

Hotelgruppe: Marriott International

PHILOSOPHIE DES HAUSES

Für das frisch renovierte Hotel steht das Wohlbefinden der Gäste an erster Stelle: Jeder Gast soll mit einem besseren Gefühl abreisen, als er angereist ist. Hierzu tragen die innovativen *Westin*-Programme, *Das Heavenly® Bed* und *WestinWORKOUT®*, bei.

ALLEINSTELLUNGSMERKMALE

Das Hotel liegt im Herzen der Stadt, unweit der exklusiven Einkaufsstraße Goethestraße und der berühmten Shoppingmeile Zeil. Alle Zimmer und Suiten werden renoviert und verfügen über *Das Heavenly® Bed*, das dank spezieller Matratze einen erholsamen Schlaf garantiert.

GASTRONOMIE

Anzahl der Restaurants: 4

- *Sushimoto:* Eines der feinsten japanischen Restaurants in Frankfurt.
- *Lobby & Lounge:* Internationale Gerichte mit lokalem Flavour, Crafted Cocktails.
- *Motions:* Full American Breakfast, Sunday Brunch.
- *San San:* Bestes Restaurant in der Kategorie China (Journal Frankfurt). Gehört zu den beliebtesten chinesischen Restaurants in Frankfurt.

WELLNESS

Größe des SPA: 750 m²

Ausstattung und Besonderheiten SPA: Fitness Center, Pool, Schönheitsbehandlungen, Massagen, Körper- und Gesichtsbehandlungen, Sauna, Dampfbad.

VERANSTALTUNGSRÄUME

Anzahl und Größe: 13 (bis 1.000 Personen)

Veranstaltungstechnik: Unser Technikpartner KFP unterstützt Sie mit hochmoderner Ausstattung.

Spezielle Tagungs-Services: Ausgewogene und gesunde Kaffeepausen, persönliche Betreuung Ihres Meetings durch unseren Star-Meeting Concierge, aktive Pausen mit dem Well-Being Coach.

FREIZEITANGEBOT

Shopping, Konzerte, Kunstgalerien, Ausstellungen, Sport-Events, Museen, Wellness: Schwimmen, Sauna, Massagen.

© TORTUE HAMBURG

TORTUE HAMBURG

160,00 € bis 350,00 € Tortue Hamburg · Stadthausbrücke 10 · 20355 Hamburg

T +49 40 334 414 00 *W* tortue.de

Gastgeber:
Marc Ciunis,
Carsten von der Heide,
seit Juni 2018

AUSSTATTUNG UND FOKUS

Anzahl Zimmer & Suiten: 114 Zimmer, 14 Suiten

Fokus: Business/Lifestyle

Kinderfreundlich: Nein

Hotelgruppe: Design Hotels

PHILOSOPHIE DES HAUSES

Wohin Sie im *Tortue* auch kommen, es erwartet Sie die andere Welt. Das andere Refugium, das schönere Séparée, ein Wohnzimmer, womöglich Versteck. Zudem unsere Bars, Restaurants, Salons und unsere Brasserie. Und die Ruhe, all dies für unzählige Gelegenheiten und zählende Überraschungen.

ALLEINSTELLUNGSMERKMALE

Es gehört allen, die all die Welten, die das *Tortue* beheimatet, lieben. Von der *bar noir* über die *bar bleu* in die *bar privé*, durch die französische *brasserie* ins asiatische Restaurant *Jin Gui* und Private Dining in den drei *formidable salons*.

GASTRONOMIE

Anzahl der Restaurants: 2

- *brasserie:* Hanseatisch, weltoffen und dabei stets très français!
- *Jin Gui:* Eine moderne und atemberaubende Interpretation der asiatisch-chinesischen Küche!

VERANSTALTUNGSRÄUME

Anzahl und Größe: 3 (bis 70 Personen)

Veranstaltungstechnik: Hochwertige und moderne Technik.

Spezielle Tagungs-Services: Für Private Dining, Konferenzen, Events. Feste Bestuhlung, Bartresen, kostenfreies WLAN, teilweise Balkon.

FREIZEITANGEBOT

Shoppingmöglichkeiten (Neuer Wall) sowie der Hafen, die Elbphilharmonie, Speicherstadt, Fahrradtour durch die HafenCity, Rathaus, Jungfernstieg, Stand-Up-Paddling auf der Alster.

TRAVEL CHARME KURHAUS BINZ

152,00 € bis 742,00 € Travel Charme Kurhaus Binz · Strandpromenade 27 · 18609 Ostseebad Binz

T +49 38393 14081 *W* travelcharme.com/kurhaus-binz

© Travel Charme Hotels & Resorts

Gastgeber:
Matthias Brockmann,
seit März 2018

AUSSTATTUNG UND FOKUS

Anzahl Zimmer & Suiten: 117 Zimmer, 20 Suiten

Fokus: Wellness/Ferien

Kinderfreundlich: Ja

Hotelgruppe: Travel Charme Hotels & Resorts

PHILOSOPHIE DES HAUSES

Die Geschichte des *Kurhauses Binz*, wie ein Teppich der Erinnerung aus 100 Jahren, von Begegnungen zwischen Mensch und Mensch, zwischen Mensch und Natur gewebt. Der Stoff besteht aus guten Geschichten, Meeresrauschen, Lebendigkeit. Aus dem Alltag fallen und in mehr Echtheit landen.

ALLEINSTELLUNGSMERKMALE

Die weite See im Blick, direkt am weißen Sandstrand und der blauen Ostsee mit mehr als 100 Jahren Historie. In jedem Winkel verstecken sich kleine Geschichten, das Wahrzeichen von Binz, in der Ferne zuhause, ein Team, das jeden sich heimisch fühlen lässt.

GASTRONOMIE

Anzahl der Restaurants: 2

- *Kurhaus Restaurant:* Regional geprägt.
- *Das Steakhaus Binz:* Steaks und Burger.

WELLNESS

Größe des SPA: 1.500 m^2

Ausstattung und Besonderheiten SPA: Treatments mit regionalen Produkten wie Rügener Heilkreide, private Suite mit Yin Yang Badewanne für Anwendungen zu zweit.

VERANSTALTUNGSRÄUME

Anzahl und Größe: 5 Räume (bis 500 Personen)

Veranstaltungstechnik: *Kurhaus-Saal* mit Bar, Backstage-Bereich, Künstlergarderoben, Bühnentechnik, Großleinwand und Laufsteg.

Spezielle Tagungs-Services: Tagungspauschale ganztags: 69,00 € pro Person (ab 5 Personen), Tagungspauschale halbtags: 55,00 € pro Person (ab 5 Personen).

FREIZEITANGEBOT

Ortstouren in Binz, Baumwipfelpfad, Schiffsfahrten, Seilgarten Prora, Rasender Roland, Störtebeker Festspiele, Wandern, Radfahren.

© Jennifer Weyland

VICTOR'S RESIDENZ-HOTEL SCHLOSS BERG ★★★★★

Ab 136,00 € Victor's Residenz-Hotel Schloss Berg · Schloßstr. 27-29 · 66706 Perl-Nennig, Mosel

T +49 6866 79 0 *W* victors.de

© Jennifer Weyland

Gastgeber:
Katrin Stegmaier und Andreas Apel, seit Juni 2014

AUSSTATTUNG UND FOKUS

Anzahl Zimmer & Suiten: 46 Zimmer, 44 Suiten

Fokus: Business/Family/Wellness/Ferien/Lifestyle

Kinderfreundlich: Ja

Hotelgruppe: Victor's Residenz-Hotels

PHILOSOPHIE DES HAUSES

Dolce Vita, römisches Flair und herausragende Kulinarik: Diese einzigartige Mischung macht das *Victor's Residenz-Hotel Schloss Berg* aus. Gelegen an der Mosel, im Dreiländereck Deutschland, Frankreich, Luxemburg, präsentiert sich das Top-Hideaway umrahmt von Weinbergen.

ALLEINSTELLUNGSMERKMALE

Luxuriöser Wohnkomfort, opulente Göttersuiten, aristokratische Noblesse, Lage direkt in den Weinbergen, drei hervorragende Restaurants, darunter das *Victor's Fine Dining by Christian Bau, Victor's SPA* mit wohltuenden Beauty Treatments, Wellnessbereich mit Schwimmbad.

GASTRONOMIE

Anzahl der Restaurants: 3

- *Bacchus:* Gehobene, italienische Küche.
- *Landgasthaus Die Scheune:* Moderne Landhausküche.
- *Victor's Fine Dining by Christian Bau:* 3 Michelin-Sterne, 19,5 Gault&Millau Punkte. Gourmetrestaurant.

WELLNESS

Größe des SPA: 1.000 m^2

Ausstattung und Besonderheiten SPA: Wohltuende Massagen, duftende Aromabäder, tiefenreinigende Gesichtsbehandlungen wie *HydraFacial™* oder *JetPeel™*.

VERANSTALTUNGSRÄUME

Anzahl und Größe: 4 (bis 300 Personen)

Veranstaltungstechnik: Smart Whiteboards, Beamer, Großbildschirm, schnelles WLAN, Leinwand.

Spezielle Tagungs-Services: Kfz-befahrbare Tagungsräume, Tagungs-, Food- und Getränkebausteine, Referentenvorteile, exklusive Rahmenprogramme, Motivationstrainings.

FREIZEITANGEBOT

Shopping und Sightseeing in Luxemburg, Metz, Trier, Weinproben und -güter in der Region, Schifffahrten auf der Mosel, Saarschleife, Baumwipfelpfad.

VICTOR'S RESIDENZ-HOTEL SCHLOSS BERG

© Jennifer Weyland

VILA VITA ROSENPARK

139,00 € bis 1.500,00 € VILA VITA Rosenpark · Anneliese Pohl Allee 7-17 · 35037 Marburg

T +49 6421 6005 0 *W* rosenpark.com · vilavitamarburg.de

© Vila Vita Marburg

Gastgeber:
Marcus Förtsch,
seit 2012

AUSSTATTUNG UND FOKUS

Anzahl Zimmer & Suiten: 148 Zimmer, 47 Suiten

Fokus: Business/Family/Wellness/Ferien/Lifestyle

Kinderfreundlich: Nein

Hotelgruppe: Vila Vita Marburg

PHILOSOPHIE DES HAUSES

Herzlichkeit ist eine Haltung, die wir leben. Unsere Gäste, ob groß oder klein, sollen bei uns ein temporäres Zuhause finden. Das zeitgemäße Ambiente, liebevolle Details und unser professionelles Team sorgen für einen rundum gelungenen Aufenthalt.

ALLEINSTELLUNGSMERKMALE

Einzigartig, vielfältig! Zentral, dennoch sehr ruhig im Grünen direkt an der Lahn gelegen, bietet den Service-Anspruch eines hochwertigen und urbanen Lebensstils. Kulinarik auf internationalem Niveau. Alleine fünf À-la-carte-Restaurants in direkter Erreichbarkeit. Prämierter SPA.

GASTRONOMIE

Anzahl der Restaurants: 5 (+ 1 Bar)

- *OLIVA:* Klassische, mediterrane Gerichte.
- *Zirbelstube*: Regional-ländliche Klassiker in rustikalem Ambiente.
- Zusätzlich 3 *Vila Vita* À-la-carte-Restaurants in Marburg.
- *360° Bar:* Barkultur im Retro-Ambiente der 70er.

WELLNESS

Größe des SPA: 1.000 m^2

Ausstattung und Besonderheiten SPA: Saunen, Pool, Dampfbad, Schneekabine, Gym, Massagen (u. a. Wave-balance), modernste Beauty Treatments inklusive Hydrafacial.

VERANSTALTUNGSRÄUME

Anzahl und Größe: 12 (bis 150 Personen)

Veranstaltungstechnik: Moderne, hochwertige Audio- und Videotechnik, immer angepasst an die individuellen Bedürfnisse.

Spezielle Tagungs-Services: Die »Healthy Tagungs-pauschale« mit gesunder Verpflegung und zum Ausgleich während Ihrer Tagungszeiten eine Auswahl von 4 verschiedenen Aktiv-Angeboten.

FREIZEITANGEBOT

Wellness, Rad- und Wanderwege, altehrwürdige Stadthistorie, Sport, vielseitige Kulinarik, Kultur, Kletterpark, Bootsfahrten.

© Vila Vita Marburg

VILLA ROTHSCHILD ★★★★★

250,00 € bis 970,00 € Villa Rothschild · Im Rothschildpark 1 · 61462 Königstein im Taunus

T +49 6174 2908 0 *W* brhhh.com/villa-rothschild

© Broermann Health & Heritage Hotels

Gastgeber:
Dirk Schäfer,
seit April 2020

AUSSTATTUNG UND FOKUS

Anzahl Zimmer & Suiten: 18 Zimmer, 4 Suiten

Fokus: Business/Lifestyle

Kinderfreundlich: Ja

Hotelgruppe: Broermann Health & Heritage Hotels, Autograph Collection

PHILOSOPHIE DES HAUSES

Ein Ort der Privatheit und Gemeinsamkeit, eine Gelegenheit für individuelle Momente mit Charme und Charakter.

ALLEINSTELLUNGSMERKMALE

Jugenstilgebäude inmitten des 10 ha großen Rothschild-Parks, ein Ort vor den Toren von Frankfurt am Main, der als »Wiege der Bundesrepublik Deutschland« gilt. Exklusivanmietung für absolute Privatheit möglich.

GASTRONOMIE

Anzahl der Restaurants: 1

- *Villa Rothschild Grill & Health:* Eine weltoffene Küche, gekonnt kombiniert mit einem überzeugenden Health-Angebot, welches dem Gaumen schmeichelt und die Sinne verwöhnt – eigen und echt, mit Geschmack als Kernbotschaft.

VERANSTALTUNGSRÄUME

Anzahl und Größe: 4 (bis 90 Personen)

Spezielle Tagungs-Services: Individuelles Food-Angebot mit Health-Faktor in privater Atmosphäre.

FREIZEITANGEBOT

Biken, Wandern, Yoga, Fitness. Beauty- und SPA-Angebote können im *Ascara Fitness & SPA* des benachbarten *Falkenstein Grand*, inklusive eines kostenfreien Shuttles, bezogen werden.

WALD & SCHLOSS-HOTEL FRIEDRICHSRUHE ★★★★★

340,00 € bis 1.600,00 € Wald & Schlosshotel Friedrichsruhe · Kärcherstraße 11 · 74639 Zweiflingen-Friedrichsruhe

T +49 7941 6087 0 *W* schlosshotel-friedrichsruhe.de

Gastgeber:
Jürgen Wegmann,
seit 2015

AUSSTATTUNG UND FOKUS

Anzahl Zimmer & Suiten: 40 Zimmer, 26 Suiten

Fokus: Wellness/Ferien

Kinderfreundlich: Ja

Hotelgruppe: Feine Privathotels, Best of SouthWest

PHILOSOPHIE DES HAUSES

Einst ein romantisches Jagdschloss, heute ein exklusives Wellness-Resort und eine Gourmet-Hochburg. Wir wollen alle Sinne begeistern – und dies mit herzlichem Service und ganz viel Liebe zum Detail. Damit sich unsere Gäste wie zuhause fühlen und die Seele baumeln lassen.

ALLEINSTELLUNGSMERKMALE

Wer Ruhe, Entspannung und Genuss auf höchstem Niveau sucht, findet in Friedrichsruhe sein Glück. Ein weitläufiger Schlosspark, die einzigartige SPA- und Wellnesswelt, vier verschiedene Restaurants und ein fantastischer Golfplatz laden zur genussvollen Auszeit ein.

GASTRONOMIE

Anzahl der Restaurants: 4

- *Gourmet-Restaurant Le Cerf:* 2 Michelin-Sterne, 18 Gault&Millau Punkte. Klassisch-französische Küche mit regionalen Einflüssen.
- *Jägerstube:* 15 Gault&Millau Punkte. Klassiker und veredelte regionale Gerichte.
- *Waldschänke:* Urig und rustikal.
- *SPA-Bistro Genussmoment:* Vitale Rohkost-Bowls.

WELLNESS

Größe des SPA: 4.400 m²

Ausstattung und Besonderheiten SPA: 13 Behandlungsräume, 400 m² Saunalandschaft, Damensaunabereich, Wein-Wellness-Kosmetik SanVINO, Relax Guide Höchstnote.

VERANSTALTUNGSRÄUME

Anzahl und Größe: 6 (bis 138 Personen)

Veranstaltungstechnik: Standardtechnik, viel Tageslicht dank bodentiefer Fenster, klimatisierte Räume, Kaminzimmer.

Spezielle Tagungs-Services: Separates Tagungsgebäude, großer Schlosspark, repräsentative Räume im historischen Jagdschloss, Weinproben im Weinkeller, Hochzeitsplaner, Rundum-Betreuung.

FREIZEITANGEBOT

27-Loch-Golfplatz, Tennisplatz, Aktivprogramm, Nordic Walking-Strecken, 3 Audi Limousinen, freier Eintritt in die Kunstmuseen Würth.

Nur in gepflegten Häusern fühlen sich Ihre Gäste wie zu Hause. Die Auswahl des richtigen Anbieters für professionelle Hoteldienstleistungen und Hotelreinigung sollte somit keine Nebensache sein. Mit dem Service der H&H Gruppe können Sie sich auf Ihr Kerngeschäft konzertieren, denn wir schaffen effiziente Arbeitsabläufe und bieten attraktive Komplettlösungen für die unterschiedlichsten Servicebereiche an. Außerdem ist unser Netz an Niederlassungen ideal in allen Ballungsräumen positioniert.

Die Leistungen im Überblick:

HOUSEKEEPING

- Housekeeping Management
- Zimmerreinigung
- Checken und Freimelden
- Bereitstellen von Hausdamen / Floorsupervisor
- Minibar Service
- Abdeckservice / Turndown
- Betten und Wäschedienste
- Matratzenreinigung
- Vorarbeiter zur Einarbeitung und Kontrolle der Mitarbeiter
- Pflege von Public Areas und Außenanlagen
- Bankett- und Konferenzservice
- Teppichreinigung, Teppichpflege
- Personalservice

STEWARDING

- Betreiben der Spülküche
- Küchenreinigung
- Spüldienste

GEBÄUDEREINIGUNG

- Unterhaltsreinigung
- Büroreinigung
- Wellness- und Spa- Bereiche
- Glasreinigung
- Teppichreinigung / Shampoonierarbeiten
- Fassadenreinigung
- Glasreinigung
- Baureinigung

Ihr direkter Ansprechpartner:

Herr Sebastian Wiegand, Geschäftsführer
Tel.: +49 (0) 89-35726-157
Handy: +49 (0) 176-13572610
Mail: vertrieb@h-und-h.de
Internet: www.h-und-h.de

WALDORF ASTORIA BERLIN ★★★★★

300,00 € bis 10.000,00 € Waldorf Astoria Berlin · Hardenbergstrasse 28 · 10623 Berlin

T +49 30 814 00 00 *W* waldorfastoriaberlin.de

© Gregor Andréewitch

Gastgeber:
Gregor Andréewitch,
seit Oktober 2013

AUSSTATTUNG UND FOKUS

Anzahl Zimmer & Suiten: 152 Zimmer, 80 Suiten

Fokus: Business

Kinderfreundlich: Ja

Hotelgruppe: Hilton Hotels & Resorts

PHILOSOPHIE DES HAUSES

Wir pflegen ganz stark die Kultur des *True Waldorf Services*. Die Bedürfnisse des Gastes stehen im Vordergrund und unser Ziel ist es, seine Erwartungen noch zu übertreffen, um ein Luxuserlebnis und bleibende Erinnerungen zu schaffen.

ALLEINSTELLUNGSMERKMALE

Einziges Haus in Deutschland, ausgezeichnete Lage im Herzen der Berliner City West gegenüber dem Tiergarten und Zoo, fußläufig zum Einkaufsboulevard Kurfürstendamm mit Luxuslabels, 80 luxuriöse und geräumige Suiten mit einzigartigem Blick auf Berlin, Balkone und Kitchinettes sind in einigen Suiten verfügbar.

GASTRONOMIE

Anzahl der Restaurants: 1

- *ROCA:* Der Name leitet sich ab vom Romanischen Café, der legendären Begegnungsstätte der Berliner Kunst- und Kreativszene der Zwanzigerjahre. Im heutigen *ROCA* werden nun eine zeitgemäße mediterrane Küche sowie Klassiker des Mutterhauses in New York serviert.

WELLNESS

Größe des SPA: 1.000 m^2

Ausstattung und Besonderheiten SPA: Indoor Pool, Sauna, Dampfbad, 8 moderne Behandlungsräume.

VERANSTALTUNGSRÄUME

Anzahl und Größe: 8 (bis 250 Personen)

Veranstaltungstechnik: Speziell auf den Kunden zugeschnittene Techniklösungen.

Spezielle Tagungs-Services: Individuell entwickelte Veranstaltungskonzepte und Menüs. Exklusive Veranstaltungsetage.

FBF ®
bed & more

DIE BESTEN HOTELS UNSERER DEUTSCHSPRACHIGEN NACHBARN

Mit dieser Rubrik zollen das Institute for Service- and Leadership Excellence und die Partner den Lieblingsreisezielen unserer deutschen Gäste Respekt: Wir stellen drei der besten Hotels in Österreich, der Schweiz und in Südtirol vor. Sie sind Aushängeschilder für die europäische Gastlichkeit und Hotellerie und somit auch eine Benchmark für Deutschland.

UNSERE DEUTSCHSPRACHIGEN NACHBARN

2020/21

HOTEL SACHER
HOTEL SACHER

HOTEL SACHER WIEN ★★★★★

Hotel Sacher Wien · Philharmonikerstrasse 4 · 1010 Wien

T +43 1 514 56 – 0 *W* sacher.com

© Jakob Gsöllpointner

Gastgeber:
Andreas Keese,
seit Mai 2020

AUSSTATTUNG UND FOKUS

Anzahl Zimmer & Suiten: 75 Zimmer, 77 Suiten

Fokus: Business/Family/Wellness/Ferien/Lifestyle

Kinderfreundlich: Ja

Hotelgruppe: Leading Hotels of the World

PHILOSOPHIE DES HAUSES

Sacher ist das einzige familiengeführte Fünf-Sterne-Superior-Haus in Wien und stolzes Mitglied der *Leading Hotels of the World. Sacher* steht für Luxus, Excellence und kulinarischen Genuss auf höchstem Niveau: Die Original *Sacher-Torte* gilt als süßestes Wahrzeichen Österreichs!

ALLEINSTELLUNGSMERKMALE

Bei *Sacher* wird Tradition behutsam in die Moderne geführt, denn ein atemberaubendes, historisches Ambiente muss nicht im Widerspruch zu modernster Ausstattung stehen. Seit 1876 garantieren exklusiver Luxus in Kombination mit einer ganz persönlichen Note einzigartige *Sacher*-Momente!

GASTRONOMIE

Anzahl der Restaurants: 6

- *Restaurant Rote Bar:* 2 Gault&Millau Hauben. Gehobene Wiener Küche.
- *Restaurant Grüne Bar:* 2 Gault&Millau Hauben. Internationale Küche, Fine Dining.
- *Blaue Bar:* Hotelbar.
- *Café Sacher:* Wiener Traditionskaffeehaus.
- *Sacher Eck:* Café-Bistro mit *Sacher* Confiserie.
- *Salon Sacher:* Cocktailbar und Bistro im vielfach ausgezeichneten Zwanzigerjahre-Design.

WELLNESS

Größe des SPA: 300 m²

Ausstattung und Besonderheiten SPA: Sauna, Dampfbad, Fitnessbereich, exklusive Behandlungen von La Prairie, Ligne St. Barth und »Time to Chocolate«.

VERANSTALTUNGSRÄUME

Anzahl und Größe: 5 (bis 100 Personen)

Veranstaltungstechnik: Vom Projektor über Leinwände bis hin zu hochauflösenden Displays – bei *Sacher* ist alles möglich.

Spezielle Tagungs-Services: In unseren 5 Veranstaltungsräumen genießen Sie Ihr Event mit ganz persönlichem *Sacher*-Service. Saisonale Pakete, Gruppenangebote, technisches Equipment verfügbar.

FREIZEITANGEBOT

24-Stunden-Concierge-Service, Sightseeing, Kulturangebote, SPA, Genuss, Kinderprogramm *Petit Sacher*.

© Jakob Gsoellpointner

Matthias und Alexandra Winkler

ERFOLGSFAKTOR FAMILIE: SOLIDARITÄT UND DIE TORTE, MIT DER ALLES BEGANN

Die *Sacher Hotels* zählen zu den renommiertesten familienbetriebenen Grand Hotels der Welt. Moderne und Tradition vereint die Familie zum einzigartigen *Sacher*-Erlebnis, das bereits Staatsoberhäupter wie Königin Elisabeth II. und Größen aus Kunst und Kultur inspirierte. Das Interview mit Matthias Winkler führte Carsten K. Rath.

Ihr seid krisenerprobt, die Legende der* Sacher Hotels *begann in unwegsamen Zeiten. Nimm uns ein Stück mit in eure Geschichte.

Wir starteten tatsächlich mit einer Krise: Der 16-jährige Lehrling – Franz Sacher – stand abends allein in der Küche. Plötzlich orderte der Prinz von Metternich noch eine Nachspeise für einen wichtigen Gast. Franz Sacher zauberte ohne Hilfe die erste Schoko-Torte und begeisterte damit den Prinzen. Mit diesem Produkt gründete er später ein Delikatessengeschäft. Sein Sohn wiederum eröffnete das erste *Sacher Hotel* hinter der Wiener Staatsoper. Mit der Zeit wurden die Räumlichkeiten größer, das *Hotel Sacher Salzburg* kam dazu. Das *Hotel Bristol* in Wien und zahlreiche Kaffeehäuser in verschiedenen Städten eröffneten. Dennoch ist die Original *Sacher-Torte* wohl bis heute am Bekanntesten.

Die Hotellandschaft verändert sich aktuell massiv. Was bedeutet das für eure internen Prozesse in den* Sacher Hotels *und vor allem am Ende für die interne Haltung?

Ich glaube, dass der Stillstand drei wichtige Eckpunkte herausgearbeitet hat: Erstens: Eine stabile Wirtschaft ist entscheidend für eine funktionierende Gesellschaft. Es muss zukünftig noch mehr in Richtung einer leistungsorientierten Gesellschaft gehen, und zwar mit voller Solidarität gegenüber jenen, die nicht können, aber auch einer klaren Position gegenüber jenen, die nicht wollen. Das müssen wir auch in unseren Unternehmen so umsetzen. Zweitens hat das ewige Optimieren – hier noch ein halbes Prozent, dort noch ein Prozent – für ein gewisses Ungleichgewicht gesorgt. Ein wachsender Hotelbetrieb braucht vor allem begeisterte Gäste, ebenso die besten Mitarbeiterinnen und Mitarbeiter und natürlich auch ausreichende finanzielle Mittel, um reinvestieren zu können. Dieses Gleichgewicht ist meiner Ansicht nach aus den Fugen geraten. Auch wir haben hier Nachholbedarf. Drittens hat uns die Krise gezeigt, wie wichtig Respekt und Toleranz gegenüber allen anderen sind. Auch das ist im Laufe der Zeit aus dem Fokus geraten. Manchmal vergessen wir einfach, dass es eben auch »nur« Menschen sind, die die hohen Erwartungen erfüllen und sich dabei besonders bemühen.

Du führst die* Sacher Hotels *auf einem sehr hohen Service-Niveau. Was unterscheidet denn in der Essenz ein Grand Hotel von einem Fünf-Sterne-Hotel?

In unserem Fall ist es sicher die Familie, die präsent ist. Wenn Sie ins *Sacher Hotel* nach Wien und nach Salzburg kommen, kommen Sie quasi zu uns nach Hause. Fast alle Mitarbeiter haben wir persönlich eingestellt. Viele begleiten uns über Jahrzehnte. Jedes Bild, das an der Wand hängt, jede Couch, die dort steht, wählten wir selbst aus. Die Antiquitäten und Bilder sind seit Generationen im Besitz der Familie. Die Gäste kommen also in eine sehr private Atmosphäre, die besonders mit Wien und mit Salzburg verbunden ist. Das ist etwas ganz anderes, als ein von irgendeinem fremden Architekten designtes Interieur. Das Wichtigste aber sind die Mitarbeiterinnen und Mitarbeiter, mit ihrem leidenschaftlichen Bekenntnis zur Excellence. Sie setzen neue Ideen um und verhalten sich sehr kollegial. Ich glaube, das sind die wesentlichen Unterschiede.

In der Schweiz kürt Karl Wild seit 20 Jahren* Die 100 besten Hotels der Schweiz. *Dieses Jahr seid ihr Ehrengäste in der Hotelliste* Die 101 besten Hotels Deutschlands. *Wie wichtig ist dir Benchmarking? Wie wichtig sind diese Ranglisten für deine Mitarbeiter und Gäste?

In Zeiten eines überdimensionalen, nicht mehr überschaubaren Angebots bieten Rankings eine gute Orientierungshilfe. Gibt der Gast das Wort »Hotel« in die Google-Suche ein, erscheinen zigtausende Suchergebnisse. *Die 101 besten Hotels Deutschlands* sind vielleicht in Zukunft einer der wichtigsten Ratgeber überhaupt. Bei der Suche im Fünf-Sterne-Segment geht es nicht unbedingt um die Optimierung des Preises, sondern primär um das schönste Erlebnis. Derartige Rankings leisten einen wesentlichen Beitrag, der nicht zu unterschätzen ist. Außerdem ist es auch für Mitarbeiterinnen und Mitarbeiter wichtig, in einem ausgezeichneten Unternehmen zu arbeiten. Auch intern wirkt so etwas stark und ist letztlich auch für den Unternehmer immer wieder ein erstrebenswertes Ziel. Es ist wichtig, dabei zu sein und trotzdem seine eigene, persönliche Linie zu verfolgen. Eine Übernachtung im *Hotel Sacher* in Wien und in weiteren der *101 besten Hotels Deutschlands* können Sie direkt unter travelgrand.ch buchen.

© Hiepler Brunier

THE DOLDER GRAND ★★★★★

CHF 500.- bis CHF 4.250.- The Dolder Grand · Kurhausstrasse 65 · 8032 Zürich

T +41 44 456 60 00 *W* thedoldergrand.com

© Dolder Hotel AG

Gastgeber: Mark Jacob, seit 2013

AUSSTATTUNG UND FOKUS

Anzahl Zimmer & Suiten: 115 Zimmer, 60 Suiten

Fokus: Wellness/Ferien/Lifestyle

Kinderfreundlich: Ja

Hotelgruppe: Swiss Deluxe Hotels, Leading Hotels of the World

PHILOSOPHIE DES HAUSES

Das *Dolder Grand* bietet den richtigen Rahmen für Menschen mit Sinn für Genuss, Exklusivität und Erholung. Erhöht gelegen, zwischen pulsierender City und belebender Natur, bildet das *Dolder Grand* für seine Gäste den idealen Ort, um fernab des Alltags Zeit für sich selbst zu finden.

ALLEINSTELLUNGSMERKMALE

175 luxuriöse Zimmer und Suiten, Spitzengastronomie, ein 4.000 m^2 grosses SPA, grosszügige Eventräumlichkeiten und eine Kunstsammlung mit über 100 Werken von Andy Warhol bis Salvador Dalí: Das *Dolder Grand*, im Jahr 1899 eröffnet, ist ein City Resort der Luxusklasse.

GASTRONOMIE

Anzahl der Restaurants: 2 Restaurants (+1 Lobby, +1 Bar, +1 SPA Café)

- *The Restaurant:* 2 Michelin-Sterne, 19 Gault&Millau Punkte. Fine Dining by Heiko Nieder.
- *Restaurant Saltz:* 14 Gault&Millau Punkte. All-Day Dining.
- *Lobby:* Mit Patisserie von Christian Hümbs.
- *Bar*
- *SPA Café*

WELLNESS

Größe des SPA: 4.000 m^2

Ausstattung und Besonderheiten SPA: Ladies' and Gentlemen's SPA, Aqua Zone mit Pool, Whirlpool-Terrasse, gemischter Saunabereich, SPA-Suiten, Fitness.

VERANSTALTUNGSRÄUME

Anzahl und Größe: 15 Räume (bis 900 Personen)

Veranstaltungstechnik: Professionelle Meeting- und Veranstaltungstechnik sowie Videokonferenzen.

Spezielle Tagungs-Services: Offizielles Traulokal der Stadt Zürich, hauseigene Floristik und Patisserie, Produkt- und Fahrzeugpräsentationen.

FREIZEITANGEBOT

Shuttle-Service, kostenfreie E-Bikes und Guestcars, *Dolder Sports* mit Freibad, Minigolf und Kunsteisbahn, Golfplatz, Tennis.

THE DOLDER GRAND

»AUCH DIE LUXUSHOTELLERIE DARF ETWAS WAGEN«

• • • • • • Mark Jacob leitet seit sechs Jahren *The Dolder Grand* in Zürich. Im Interview mit Carsten K. Rath spricht er über das Erfolgsrezept des Hauses und darüber, wie er gemeinsam mit seinem Team den Titel »Bestes Hotel der Schweiz« verteidigt.

Wie hast du die Zeit während der Corona-Krise erlebt?

Wir leben aktuell in einer Zeit der Veränderung. Es mag ironisch klingen, aber ich blicke auch positiv auf die vergangenen Monate zurück. Aus den Erfahrungen lernen wir. Damit können wir nach vorne schauen und uns weiterentwickeln.

Wenn du all diese Erfahrungen zusammenzählst, was bleibt nach der Krise?

Wir haben gelernt, dass man auch in der Luxushotellerie etwas wagen und Ideen auch anderes umsetzen darf. Wir funktionierten zum Beispiel unsere Rezeption in eine Bar um. Vermutlich hätten wir im normalen Hotelbetrieb keine Bar mitten ins Herz des Hotels gestellt. Dank Corona testeten wir das einfach. Mit Erfolg: Wir haben sehr positives Feedback für unser Pop-up-Konzept erhalten.

Du bist jetzt seit über zwölf Jahren hier im Haus, leitest es seit sechs Jahren und hast jetzt zum zehnten

Mal hintereinander die Auszeichnung von Karl Wild als »bestes Hotel der Schweiz« gewonnen. Wie verteidigst du diesen Status? Die Konkurrenz schläft nicht …

Unser Erfolg ist auf eine absolute Teamleistung zurückzuführen. Wir arbeiten mit tollen Kollegen. Die Menschen, die sich tagtäglich um die Gäste kümmern, bringen uns weiter. Fortschrittliches Denken ist ganz wichtig, in der heutigen Welt darf man nicht stillstehen. Ich bin sehr stolz darauf, dass wir eine eigene Identität im *The Dolder Grand* aufgebaut haben. Wir erfinden uns immer wieder neu. Genau das ist wohl auch unser Geheimnis.

Immer, wenn ich bei dir bin, fallen mir neue Kunstwerke auf. Nach welchem Prinzip integriert ihr Kunst in euer Hotelkonzept?

Unsere Kunst soll inspirieren und zum Denken anregen. Die Werke interagieren alle mit dem Gast. Mit Erfolg: Die Gäste nehmen die Kunstwerke ganz individuell wahr, reflektieren und schmunzeln auch. Unser loyalster Gast ist eine sehr lebensechte Bronzestatue, sie schläft seit Jahren kunstvoll in der Ecke. Sie liegt dort, wo die Gäste ihre Rechnungen bezahlen. Das Kunstwerk drückt aus, dass es eben auch Menschen gibt, denen es nicht so gut geht.

Was bedeutet die Auszeichnung für deine Mitarbeiter und generell für das geschäftliche Umfeld?

Für die Mitarbeiter ist die Auszeichnung eine Bestätigung. Die Leidenschaft, die sie zeigen, kommt bei den Gästen und auch in der Öffentlichkeit an. Natürlich hilft die Auszeichnung auch bei der Suche nach den besten Talenten. Potenzielle Mitarbeiter erkennen bereits von außen, dass sie im *The Dolder Grand* etwas lernen und sich entwickeln können. Das wiederum ist ein wichtiger Schlüssel für das Gasterlebnis und den letztendlichen Erfolg. Wir sind dankbar dafür, dass jemand den Mut hat und sich zu den Entwicklungen in der Hotellerie äußert. Das Ranking gibt einen wichtigen Anreiz, damit sich die Branche stetig weiterentwickelt. Gleichzeitig hilft es uns geschäftlich auch vor allem im Binnenmarkt. Hier werden wir noch stärker beachtet als zuvor.

© Forestis

HOTEL FORESTIS DOLOMITES ★★★★★

200,00 € bis 1.250,00 € Palmschoss 292 · 39042 Brixen · Südtirol, Italien

T +39 0472 521 008 *W* forestis.it

© Forestis

Gastgeber:
Stefan Hinteregger und Teresa Unterthiner, seit Juli 2020

AUSSTATTUNG UND FOKUS

Anzahl Zimmer & Suiten: 62 Suiten

Fokus: Wellness/Ferien/Lifestyle

Kinderfreundlich: Nein

Hotelgruppe: Privatbesitz

PHILOSOPHIE DES HAUSES

Hideaway – Rückzugsort.

ALLEINSTELLUNGSMERKMALE

Holistisches Konzept durch und durch, Rückzugsort, um sich wieder zu spüren, Lage, Kulinarik, gelebte Gastfreundschaft, Architektur, SPA-Angebot.

GASTRONOMIE

Anzahl der Restaurants: 2

- *Restaurant:* Frühstück und Abendessen, geöffnet von 07:00 – 11:00 Uhr und 19:00 bis 21:30 Uhr, keine Hunde erlaubt.
- *Lounge Restaurant:* Frühstück, Mittagessen und Abendessen, geöffnet von 07:00 – 23:00 Uhr, Hunde erlaubt.

WELLNESS

Größe des SPA: 2.000 m^2

Ausstattung und Besonderheiten SPA: Signature-Anwendungen, eigene Produktlinie, Wyda (keltisches Yoga), Indoor und Outdoor Saunen, Schwimmbad, Fitness, Ruheräume.

FREIZEITANGEBOT

Skifahren, (direct ski in/out) Schneeschuhwandern, Wandern und Langlaufen, im Sommer: Wandern, Paragleiten, Reiten, Mountain Kart.

HOTEL FORESTIS DOLOMITES

© Forestis

»WIR MÖCHTEN EINEN GRÜNEN ABDRUCK HINTERLASSEN«

• • • • • • Teresa Unterthiner und Stefan Hinteregger sanierten das *Hotel Forestis Dolomites* und eröffneten das Natur-Hideaway im Sommer 2020 mit einem nachhaltigen Konzept. Was ihnen besonders wichtig ist und warum sie in jungen Jahren ihre Unternehmerkarriere aufbauten, erzählen sie im Interview mit Carsten K. Rath.

Ihr habt im Juli 2020 nach einer längeren Sanierungsphase zum ersten Mal euer eigenes Hotel eröffnet. Wie fühlt sich das für euch an?

Teresa: Genau, am 20. Juli dürfen wir unsere Gäste nach einer eineinhalb Jahre andauernden Bauphase begrüßen. Wir haben uns sehr auf diesen Moment gefreut und merken, dass unser Konzept ausgezeichnet bei unseren Gästen ankommt. Das liegt natürlich auch an der wunderschönen Location in der Abgeschiedenheit der Dolomiten. Wir sind tatsächlich ausgebucht, besser könnte es gar nicht starten.

Stefan, ihr habt ein Konzept, das ganz anders ist als das eurer Mitbewerber. Was ist denn die Idee eures Hauses?

Stefan: Von jedem Raum, aus dem SPA, dem Restaurant und aus seiner Suite blickt der Gast auf das Weltnaturerbe, die Dolomiten. Wir leben den Hotelbetrieb authentisch und möchten auch, dass unsere Mitarbeiter Persönlichkeiten sind. Das ist unsere Interpretation von Luxus. Wir genießen unseren Lebensstil und möchten diesen mit unseren Gästen im *Forestis* teilen.

© Forestis

Stefan und Teresa Hinteregger

Nachhaltigkeit ist in aller Munde, alle sind bestrebt, Luxus und Nachhaltigkeit zusammenzubringen. Wie lebt ihr nachhaltig?

Stefan: Wir nutzen hundert Prozent erneuerbare Energien im Haus von der Heizung bis zum Strom.

Teresa: Nachhaltigkeit ist für uns ein Begriff von großer Bedeutung. Wir möchten einen grünen Abdruck hinterlassen. Wir spielen die Elemente im Einklang mit der Natur und leben im ganzen Hotelkonzept auch danach. Unser Quellwasser ist zum Beispiel eines der besten in Europa.

Ihr seid beide in sehr jungen Jahren ins unternehmerische Risiko gegangen. Das war sehr mutig …

Stefan: Wir haben einfach das große Glück, dass wir alles selbstständig umsetzen und unseren Traum leben dürfen. Unsere Familien haben uns dabei sehr unterstützt. Wir wollten eine neue Art der Hotellerie, des Daseins ausleben, auch wenn dies natürlich einige Diskussionen nach sich gezogen hat. Vom Design des Hotels bis zu den Services, die wir anbieten oder eben auch nicht mehr anbieten. Mit unserem Angebot definieren wir einen neuen Weg von Luxus. Das Silberbesteck ist vielleicht nicht mehr ausschlaggebend für ein Fünf-Sterne-Hotel, dafür nachhaltige Aspekte um so mehr.

In eurem Haus spüre ich die Liebe zum Detail an jeder Ecke. In einer lauen Sommernacht kann ich mir als Gast auch mein Bett unterm Sternenhimmel auf der eigenen Terrasse aufdecken lassen. Wie kamt ihr auf diese Idee?

Stefan: Unser Hotel ist für Gäste ab 14 Jahren konzipiert. Wir haben mehrere Hotels in Familienbesitz, so dass es ganz wichtig für uns war, das Erlebnis des Ortes zu transportieren. Das ist zum einen die Ruhe. Diese möchten wir erlebbar machen. Wir selbst sitzen sehr gern am Abend draußen am offenen Feuer oder am Kamin und genießen diese angenehme Luft, die Ruhe. Daraus hat sich die Überlegung ergeben, dass es toll wäre, wenn man sich am Abend draußen schlafen legen kann. Außerdem haben wir sehr mildes Klima mit vielen Sonnenstunden.

Was hat euch letztendlich zu eurem Hotelkonzept inspiriert?

Stefan: Wenn wir ganz ehrlich sind, wollten wir beide nicht zurück nach Südtirol. Wir wollten eigentlich im internationalen Hotelsegment Fuß fassen. Ich habe in der Schweiz studiert und wollte in die internationale Hotellerie einsteigen. Teresa studierte in Shanghai und wollte sich dort in der Immobilienbranche weiterentwickeln. Allerdings gaben wir unsere gesamten Ersparnisse für Reisen aus, vor allem für schöne Hotels. Das war unsere Leidenschaft. Auf unseren Reisen haben wir viele Dinge gesehen, die uns Freude bereitet haben. Natürlich gab es auch Aspekte, die uns nicht gefielen. Alles, was wir in verschiedenen Destinationen und Ländern kennengelernt haben, wollten wir nun an einem Ort bündeln. Daraus ist das *Hotel Forestis Dolomites* nach sieben Jahren Entwicklungsphase entstanden. Im Interieur Design hat Teresa mit unserem Designer und dem Architekten ganz klare Vorstellungen und Linien durchgesetzt. Wir designten dann wirklich vom Stuhl über die Lampe alles selbst. Das klingt nach viel Arbeit. Das war es auch, weil wir den Stuhl hier zehn Mal produzierten, bevor wir ihn dann freigegeben haben. Genauso leben wir unsere Leidenschaft für unser Hotel jeden Tag aus.

© Forestis

DIE TROUVAILLEN ZEIGEN IN ALLEN BEWERTUNGSKRITERIEN HOHES POTENZIAL.

Der Begriff Trouvaillen stammt aus dem Französischen und bedeutet soviel wie Fundstücke (frz. trouver = finden) oder wertvolle Entdeckung. Wertvoll und einzigartig sind auch unsere zehn ausgewählten Hotel-Trouvaillen: Einige wenige Häuser, die 2020/21 nicht unter den *101 besten Hotels Deutschlands* sind, werden in der zusätzlichen Kategorie »Trouvaillen« subsummiert.

TROUVAILLEN

2020/21

© Nikolaj Georgiew

BAREFOOT HOTEL

95,00 € bis 400,00 € barefoot Hotel · Schmilinsky Strasse 2 · 23669 Timmendorfer Strand

T +49 4503 760 910 00 *W* barefoothotel.de

© Nikolaj Georgiew

Gastgeber:

Mirko Stemmler

AUSSTATTUNG UND FOKUS

Anzahl Zimmer & Suiten: 50 Zimmer, 6 Suiten

Fokus: Family/Wellness/Ferien/Lifestyle

Kinderfreundlich: Ja

Hotelgruppe: Keine

PHILOSOPHIE DES HAUSES

Ankommen und Wohlfühlen! Im *Barefoot Hotel* soll sich der Gast vom ersten Moment an zuhause fühlen!

ALLEINSTELLUNGSMERKMALE

Natürliche Materialien, warme Farben, pazifische Lässigkeit, entspannte Atmosphäre, familiäre Gastlichkeit – hier wurde ein Ort mit Herz und Seele geschaffen, der zum Aufatmen und zur puren Erholung einlädt!

GASTRONOMIE

Anzahl der Restaurants: 1

- Im Restaurant des *Barefoot Hotels* genießt man besonders authentisch. Raffiniert einfache Rezepte, frische Produkte aus der Region, höchste Qualität aller Zutaten, perfekte Zubereitung, hervorragende Weine, herzlicher Service – Harmonie für alle Sinne!

WELLNESS

Größe des SPA: 500 m²

Ausstattung und Besonderheiten SPA: Fitnessraum mit Cardiogeräten, Freihantelbereich und Boxsack, Wohlfühlsauna, Massagen, Körper- und Gesichtsbehandlungen.

VERANSTALTUNGSRÄUME

Anzahl und Größe: 1 (bis 15 Personen)

Veranstaltungstechnik: Standardtechnik

Spezielle Tagungs-Services: Meetings, Incentives, private Feiern, individuelle Ausstattung nach Anforderung möglich.

FREIZEITANGEBOT

Tennisplatz hinter dem Haus, Golfplatz in der Nähe, Fahrradverleih, 200 m zum Strand.

TIL SCHWEIGER: »ICH BIN GERN GASTGEBER«

Til Schweiger, 1963 in Freiburg geboren, hat in mehr als einhundert Kino- und Fernsehfilmen als Schauspieler, Regisseur, Drehbuchautor oder Produzent mitgewirkt. Außerdem schuf er den *Barefoot*-Kosmos mit Restaurants und dem *Barefoot Hotel*. Das Interview führte Rolf Westermann.

Til Schweiger, Sie haben die Lifestyle-Marke Barefoot aufgebaut, in der es um ein Lebensgefühl geht, Lachen, Wohlfühlen, Relaxen. Wie kam »Barfuß« in Ihr Leben?

Barfuß steht für Freiheit. In meinem Film »Barfuss«, nach dem ich mein Unternehmen benannt habe, geht's um ein Mädchen, das seine Füße nicht einsperren will. Das kann man auch auf das Hotel und das Restaurant übertragen. Allerdings wollten wir unsere Gastronomie nicht *Barefoot* nennen, weil das zu leicht an Käsefüße erinnert. Deshalb heißt es *Barefood*, einfaches und ehrliches Essen.

Hotelier und Filmstar, wie passt das zusammen?

Ich bin von Herzen gern Gastgeber, sitze oft mit Freunden zuhause, und irgendwann kam die Idee, ein Restaurant und ein Hotel zu eröffnen. Filme sind mein Kerngeschäft, aber das lastet mich nicht aus. Ich kann schwer stillsitzen. Wenn ich auf Mallorca zwei Wochen Urlaub mache, kribbelt es, und ich muss wieder etwas machen.

Können Sie sich als Schauspieler in alle Stoffe hineindenken?

Mein Restaurant und das Hotel spiegeln die Welt in meinen Filmen wider. Aber eine Schauspielkarriere befähigt nicht zur Gastronomie. Ich habe allerdings große Freude daran und arbeite mit den richtigen Leuten zusammen.

Ist das eine weitere Rolle von Ihnen?

Ich spiele keine Rolle in der Öffentlichkeit. Selbst meine schärfsten Kritiker müssen mir attestieren, dass ich authentisch bin. Ich achte mehr denn je darauf, mich mit positiven Leuten zu umgeben. Wenn mir jemand nicht guttut, verabschiede ich ihn aus meinem Leben. Unsere Zeit ist endlich.

Wie kommen Sie zu Ihren Ideen?

Einen Masterplan habe ich nicht. Ich gehe davon aus, dass die Leute im Leben eine gewisse Anzahl an Chancen haben. Die Aufgeweckten erkennen und nutzen sie, die anderen laufen vorbei.

Til Schweiger

© Hotel Kranzbach GmbH/H. Hornsteiner

DAS KRANZBACH ★★★★★

378,00 € bis 740,00 € Das Kranzbach · Kranzbach 1 · 82493 Krün/Klais

T +49 8823 92 8000 *W* daskranzbach.de

© Hotel Kranzbach GmbH/H. Hornsteiner

Gastgeber:
Ralf Enseleit,
seit Juli 2020

AUSSTATTUNG UND FOKUS

Anzahl Zimmer & Suiten: 127 Zimmer, 10 Suiten

Fokus: Wellness/Ferien

Kinderfreundlich: Nein

Hotelgruppe: Keine

PHILOSOPHIE DES HAUSES

Kranzbach ist ein besonderes Hideaway in den Bergen – mit Fokus auf Natur, Ruhe, Bewegung und Wellness. Die Stille rundum steht im Vordergrund, es gibt kein Day-SPA, kein öffentliches Restaurant, keine Events. Die Lage mitten in der Natur ist das eigentliche Highlight.

ALLEINSTELLUNGSMERKMALE

Alleinlage auf einer 130.000 m² großen Bergwiese (1.000 m Seehöhe), ein über 100 Jahre altes englisches Schlösschen als Stammhaus, *Meditation House by Kengo Kuma*, Heil- und Küchenkräutergarten mit über 140 verschiedenen Kräutern, hauseigene Bäckerei, Ärztin im Haus für Detox, Waldatmen.

GASTRONOMIE

Anzahl der Restaurants: 1

- *Kaminstube, Kräutergarten, Greenhouse*: Wir kreieren regionale Menüs aus frischen Erzeugnissen der Region und haben Kontakt zu Landwirten, Bauern, Molkereien, Metzgern, Imkern. Der Fokus liegt auf saisonalen Produkten – verfeinert mit Kräutern aus dem eigenen Garten.

WELLNESS

Größe des SPA: 3.500 m²

Ausstattung und Besonderheiten SPA: Lady Sauna, Onsen, Pools, Saunen, Detox, Ayurveda, Massagen, Kosmetik, medizinische Therapien, *Winback®*, InBody-Messung.

VERANSTALTUNGSRÄUME

Anzahl und Größe: 2 (bis 15 Personen)

Veranstaltungstechnik: Beamer und Leinwand, abdunkelbar, tolle Ausblicke in die Bergwelt rundherum.

Spezielle Tagungs-Services: Verschiedene Kaffeepausen-Pakete werden angeboten, Mittagspause mit light lunch und am Abend 4-Gang-Menü mit zusätzlichem Salat- und Käsebuffet sind inkludiert.

FREIZEITANGEBOT

Yoga, Meditation, Pilates, Wandern, E-Bike-Touren, Nordic Walking, Waldatmen, Aqua Fit, Verleih von 30 E-Mountainbikes.

HOTEL & RESTAURANT "DER KLEINE PRINZ"
"DER KLEINE PRINZ" HOTEL & RESTAURANT
HOTEL & RESTAURANT

DER KLEINE PRINZ ★★★★

99,00 € bis 895,00 € Der kleine Prinz · Lichtentaler Strasse 36 · 76530 Baden-Baden

T +49 7221 346 600 *W* derkleineprinz.de

© Melissa Rademacher

Gastgeber:
Andreas Rademacher, seit 1998

AUSSTATTUNG UND FOKUS

Anzahl Zimmer & Suiten: 40 Zimmer, 16 Suiten

Fokus: Business/Family/Wellness/Ferien/Lifestyle

Kinderfreundlich: Ja

Hotelgruppe: Keine

PHILOSOPHIE DES HAUSES

»Man sieht nur mit dem Herzen gut, das Wesentliche ist für die Augen unsichtbar.« Antoine de Saint-Exupéry

ALLEINSTELLUNGSMERKMALE

In absolut zentraler Lage, unweit aller Sehenswürdigkeiten, erwartet Sie das familiengeführte, romantische Hotel *Der kleine Prinz* mit Herzlichkeit und individuellem Service. Die gemütlichen Zimmer und das hervorragende Restaurant mit Kaminzimmer und Außenplätzen sind liebevoll dekoriert.

GASTRONOMIE

Anzahl der Restaurants: 1

- *Restaurant Der Kleine Prinz:* Französische, regionale und saisonale Küche.

VERANSTALTUNGSRÄUME

Anzahl und Größe: 2 (bis 40 Personen)

Veranstaltungstechnik: Standardtechnik und Beamer

Spezielle Tagungs-Services: Butler-Service rund um die Uhr.

FREIZEITANGEBOT

Baden-Baden ist bekannt für die Thermen, das Casino, das Festspielhaus, die Nähe zum Schwarzwald, zahlreiche hochwertige Museen, gehobenes Shopping.

© Bernhard Classen

EAST HOTEL ★★★★

129,00 € bis 429,00 € East Hotel · Simon-von-Utrecht-Strasse 31 · 20359 Hamburg

T +49 40 309 930 *W* east-hamburg.de

© Lisa Marie Köster

Gastgeber:
Christoph Strenger,
seit 2004

AUSSTATTUNG UND FOKUS

Anzahl Zimmer & Suiten: 161 Zimmer, 11 Suiten

Fokus: Business/Family/Wellness

Kinderfreundlich: Ja

Hotelgruppe: Preferred Hotels & Resorts

PHILOSOPHIE DES HAUSES

Das *east* mit seinen vielen Räumen und Menschen ist lebendig, bunt, vibrierend, kreativ und ein Zuhause für jeden. Mit dem hohen Maß an Professionalität und Service in den Bars, im Restaurant und Hotel fühlen sich die Gäste des *east* rundum versorgt und wertgeschätzt.

ALLEINSTELLUNGSMERKMALE

Das altehrwürdige Gemäuer verschmilzt mit zeitlosen Architekturelementen der Moderne. Der Stararchitekt Jordan Mozer aus Chicago hat die ehemalige Eisengießerei in ein Design-Meisterwerk verwandelt. Außergewöhnliche Zimmerarchitektur, gepaart mit höchstem Komfort und einem einzigartigen Restaurantkonzept, machen das *east* zu einem festen Bestandteil der Hamburger Szene.

GASTRONOMIE

Anzahl der Restaurants: 4

- *east Restaurant (im Hotel):* Euro-asiatisch.
- *coast by east (Hafencity):* Seafood und Grill.
- *coast enoteca (Hafencity):* Italienisch.
- *clouds Restaurant (Reeperbahn 1):* Crossover-Küche.

WELLNESS

Größe des SPA: 600 m^2

Ausstattung und Besonderheiten SPA: Von Fußmassage über Körperpeelings bis hin zu Beauty-Behandlungen oder Massagen zu zweit.

VERANSTALTUNGSRÄUME

Anzahl und Größe: 12 (bis 250 Personen)

Veranstaltungstechnik: Click Share System.

Spezielle Tagungs-Services: Geführte E-Bike-Touren, Massagen in den Pausen.

FREIZEITANGEBOT

Geführte E-Bike-Touren, Kieztouren, Musicals, Parks, Elbstrand, Hafenrundfahrten, Theater, Boxtraining, Shopping im Zentrum Hamburgs.

HOTEL RITTER DURBACH ★★★★

75,00 € bis 250,00 € Hotel Ritter Durbach · Badische Weinstraße Tal 1 · 77770 Durbach

T +49 781 93 23 0 *W* ritter-durbach.de

© Michael Bode

Gastgeber:
Dominic Müller,
seit 2007

AUSSTATTUNG UND FOKUS

Anzahl Zimmer & Suiten: 80 Zimmer, 7 Suiten

Fokus: Business/Wellness/Ferien/Lifestyle

Kinderfreundlich: Nein

Hotelgruppe: Private Selection Hotels

PHILOSOPHIE DES HAUSES

Familie Müller blickt auf mehr als 360 Jahre Geschichte und gelebtes Gastgebertum zurück. Sie hat es sich zur Aufgabe gemacht, die Tradition zu bewahren, täglich neu aufleben zu lassen und mit moderner Hotellerie zu verbinden: Tradition. Bezaubernd. Modern.

ALLEINSTELLUNGSMERKMALE

Das Erlebnis, die magischen Momente, kreiert das Hotel Ritter aus der Kombination bester Kulinarik, die den Gast in den Mittelpunkt stellt, atemberaubenden Landschaften, die den idyllischen Weinort Durbach erschließen und den Zauber, die Liebe zu Oldtimern und zum Detail.

GASTRONOMIE

Anzahl der Restaurants: 3

- *[maki:'dan]:* Bib Gourmand, 2 Gault&Millau Hauben, 7 Gusto-Pfannen, 2 Feinschmecker-Fs, 5 Beats (Magazin Beat), Tophotel Newcomer Award: Leger Dining.
- *Ritter Wiedergrün:* Hausgast-Restaurant (Halbpension Ritter Genuss).
- *Schloss Staufenberg:* Traditionelle badisch-elsässische Küche.

WELLNESS

Größe des SPA: 1.200 m^2

Ausstattung und Besonderheiten SPA: Weinwellness, Körperanwendungen: Peelings, Bäder, Packungen, Massagen: Klassische und Spezialmassagen, Kosmetik.

VERANSTALTUNGSRÄUME

Anzahl und Größe: 5 (bis 500 Personen)

Veranstaltungstechnik: Digitales Flipchart, Click Share und Oldtimerbus als mobiles Tagungsobjekt.

Spezielle Tagungs-Services: Wellnessanwendungen für Kaffeepause: Kaffeepeeling mit Massage.

FREIZEITANGEBOT

Sechs Oldtimer zur Miete, Porsche 911 Carrera Cabriolet, smart EQ fortwo cabrio, Schwarzwald und Elsass, Mountain-E-Bikes.

HOTEL RITTER DURBACH

Hotel Ritter Durbach

© Atelier Twardoch, Dominika Twardoch-Brune

HOTEL SPORTALM GIPFELGLÜCK ★★★★

95,90 € bis 219,90 € Hotel Sportalm Gipfelglück · Kalver Straße 36 · 58511 Lüdenscheid

T +49 2351 661880 *W* sportalm-gipfelglueck.de

© Sportalm Gipfelglück

Gastgeber:
Peter Stahnke,
seit 2015

AUSSTATTUNG UND FOKUS

Anzahl Zimmer & Suiten: 34 Zimmer, 4 Suiten

Fokus: Business/Lifestyle

Kinderfreundlich: Ja

Hotelgruppe: Keine

PHILOSOPHIE DES HAUSES

Es ist unser Ziel, original alpenländisches Design und Ambiente, verbunden mit einer sehr schmackhaften und ambitionierten Küchenleistung, nach Südwestfalen zu bringen und den Gästen mit einer besonderen Wohlfühlatmosphäre ein außergewöhnliches Erlebnis bieten zu können.

ALLEINSTELLUNGSMERKMALE

Wir sind ein familiengeführtes Unternehmen, das mit leidenschaftlicher Hingabe Hochzeiten, Familienfeiern und Firmenevents durchführt, sowohl im eleganten Ballsaal als auch in der urtypischen, bayerischen »Gaudistube« (Bild). Genießen Sie das Lebensgefühl der Alpen in einer einzigartigen Location.

GASTRONOMIE

Anzahl der Restaurants: 1

- *Restaurant Herzhaft:* Alpin-international.

VERANSTALTUNGSRÄUME

Anzahl und Größe: 5 (bis 250 Personen)

Veranstaltungstechnik: Standardausstattung, alles andere kann durch Kooperationspartner erbracht werden.

Spezielle Tagungs-Services: Indoor-Kletterwand-Teambuilding (18 m Höhe), Tennis, Indoor Tennis-Fußball (3 Ascheplätze), Baumstamm-Sägen, Holzklotz-Nageln, Hufeisen- und Lassowerfen.

FREIZEITANGEBOT

Indoor Tennis, Indoor Kletterwand, Schwarzlicht-Kegeln, Billiard, Kickern, Airhockey, Sauerländer Talsperren-Schnitzeljagd.

KRØNASÅR – THE MUSEUM-HOTEL ★★★★

251,00 € bis 1.021,00 € KRØNASÅR – The Museum-Hotel · Roland-Mack-Ring 3 · 77977 Rust

T +49 7822 8600 *W* europapark.de/kronasar

Gastgeber: Thomas Mack, seit 2019

AUSSTATTUNG UND FOKUS

Anzahl Zimmer & Suiten: 276 Zimmer, 28 Suiten

Fokus: Family/Lifestyle

Kinderfreundlich: Ja

PHILOSOPHIE DES HAUSES

Hotel oder Museum? Beides! Das besondere Naturkundemuseum wurde erschaffen aus viel gelobter Liebe zum Detail und einer Skandinavien-Leidenschaft. Mitarbeiter mit viel Herz(blut) hauchen der sagenhaften Ausstellung Leben ein und schaffen skandinavische Genussmomente.

ALLEINSTELLUNGSMERKMALE

Schon der Empfang ist beeindruckend: Das riesige Skelett der Meeresschlange Svalgur hängt über alle Stockwerke hinweg in der Lobby. Hier beginnt ein Hotel-Museums-Besuch mit echtem Hygge-Feeling. Dazu gehören gutes Essen und Trinken, Zimmer in schickem, nordischem Design sowie ein Fitness- und Saunabereich.

GASTRONOMIE

Anzahl der Restaurants: 2 (+1 Bar und 1 Café)

- *Fine Dining Restaurant Tre Krønen:* Nordic Cuisine, separater »Chefs Table« mit exklusivem Blick auf das Küchengeschehen.
- *Boathouse Restaurant Bubba Svens:* Beliebte Familiengerichte aus dem hohen Norden.
- *Bar Eriksson:* Smørrebrød-Kreationen.
- *Café Konditori:* Feine Kuchen.

WELLNESS

Größe des SPA: 430 m²

Ausstattung und Besonderheiten SPA: Finnische Sauna, Sanarium, Dampfbad und Fitnessraum.

VERANSTALTUNGSRÄUME

Anzahl und Größe: 2 (bis 260 Personen)

Veranstaltungstechnik: Lichttechnik Fronttruss, Tontechnik Beschallungsanlage (D&B Audiotechnik), Rigging, Videotechnik.

Spezielle Tagungs-Services: Konferenzen, Meetings, Incentives, Hochzeiten und andere private Feierlichkeiten.

FREIZEITANGEBOT

Wasserwelt Rulantica (direkter Zugang), *Europa-Park* – Deutschlands größter Freizeitpark, 5 weitere *Europa-Park* Hotels (Shuttle-Bus).

»HOTELS ERZÄHLEN GESCHICHTEN«

• • • • • • Thomas Mack führt als einer der vier Gesellschafter den *Europa-Park Rust* in achter Generation. Im Februar 2020 wurde er gemeinsam mit Ann-Kathrin und Michael Mack als Hotelier des Jahres von der ahgz ausgezeichnet. Im Gespräch mit Carsten K. Rath berichtet er über die bislang größte Investition des Familienunternehmens und die Bedeutung der kulinarischen Angebote im *Europa-Park*.

Der* Europa-Park *ist ein geschlossenes Areal mit insgesamt sechs dazugehörigen Hotels. Wie sehen die nächsten Schritte aus?

Wir haben lange überlegt und uns gefragt, was sich unsere Gäste wünschen. Das Thema Wasserpark stand dabei ganz oben auf der Wunschliste. Daher haben wir uns dazu entschlossen, im letzten Jahr als Familie Mack über 200 Millionen Euro in diesen Bereich zu investieren. Im November 2019 eröffneten wir diesen Wasserfall, an dem wir jetzt das Interview führen. Bislang zählt der Wasserpark zur größten Einzelinvestition der Familie Mack. Unser Ziel ist es, mit diesem Wasserpark noch mehr als Kurzreise-Destination wahrgenommen zu werden.

Sie agieren in einer generationenübergreifenden Gesellschafterstruktur. Wie hat das alles angefangen?

Ich zähle bereits zur achten Generation des Familienunternehmens Mack. Unsere Firma wurde 1780 mit Fokus auf den Maschinenbau gegründet. Später entwickelte sich daraus ein Unternehmen, das Wohnwagen für die Schausteller bereitstellte. Erst in den Zwanzigerjahren fuhr dann die erste Achterbahn. 1975 entstand der Freizeit-Park. Mittlerweile ist der *Europa-Park Rust* der größte Freizeitpark in Deutschland und die Nummer Zwei in Europa.

Was bedeutet das für die Infrastruktur und für die Menschen hier?

Ich glaube, ein großer Konzern hätte hier am Standort gar keinen Freizeitpark gebaut. Damals waren die Grenzen zu Frankreich und der Schweiz noch geschlossen. Wir hatten keine Autobahnausfahrt, alle Gäste mussten über's Dorf zu uns fahren. Mittlerweise sind wir ein Zentrum Europas und begrüßen sehr viele Gäste aus der Schweiz, aber auch aus Frankreich.

Ich durfte bei Ihnen im Museumshotel* KRØNASÅR *übernachten. Was hat es damit auf sich?

Das Hotel zählt zur skandinavischen Themenwelt. Wir haben das Vier-Sterne-Hotel als Museum angelegt, daher kommt auch der Name. Wir haben gemerkt, dass Hotels auch Geschichten erzählen können und dürfen. Der Gast taucht in eine komplett andere Umgebung ein, in diesem Fall in eine skandinavische Welt. Wir wollten ein Stückchen Skandinavien an den Rhein transportieren, nicht nur architektonisch, sondern auch kulinarisch.

© Europa-Park

Die Bandbreite Ihres Unternehmens ist sehr vielfältig, auch im kulinarischen Bereich. Sie haben zum Beispiel auch ein Zwei-Sterne-Michelin-Restaurant. Wie ist die Idee hierzu entstanden?

Wir sind sehr stolz auf unser Restaurant *Ammolite*, haben aber nur die Voraussetzungen dafür geschaffen. Wir haben mit Peter Hagen-Wiest einen exzellenten Küchenchef, der geschmackliche Raffinessen auf die Teller der Gäste zaubert. Bereits in der Planungsphase des Restaurants war er mit dabei. Kurz nach Eröffnung erhielten wir den ersten Stern. Das hat uns etwas überrascht, aber auch sehr gefreut. Wir sind mittlerweile der einzige Freizeitpark weltweit mit einem Sterne-Restaurant. Das macht uns sehr stolz. Mit unserem kulinarischen Angebot sprechen wir eine neue Zielgruppe an und ziehen Gäste an, die nicht den Freizeitpark, dafür aber das kulinarische Erlebnis im Restaurant erleben möchten.

Sie bieten auch die nötige Infrastruktur für Konferenzgäste an. Ich selbst halte hier in regelmäßigen Abständen Vorträge. Wie groß ist der Anteil dieses Geschäftsbereiches?

Es werden circa zweitausend Veranstaltungen im Jahr auf unserem Gelände durchgeführt. Wir haben eine neue Arena gebaut, um künftig auch Großveranstaltungen durchzuführen. Allein mit dem Confitainment (Conference & Entertainment) erwirtschaften wir einen zweistelligen Millionenbetrag, da wir hier alles aus einer Hand anbieten können.

Was glauben Sie, wie die Gäste darauf reagieren, dass wir jetzt zum ersten Mal* Die 101 besten Hotels Deutschlands *küren?

Es ist enorm spannend. Ich glaube, gerade im Hospitality-Bereich ist Deutschland sehr gut aufgestellt, es gibt wirklich großartige Hotels. Aber die Wahrnehmung ist oft nicht da, und ich finde es toll, dass das jetzt geändert wird.

© Alexander Haiden

LANSERHOF TEGERNSEE ★★★★★

ab 4.464€,00 € Lanserhof Tegernsee · Gut Steinberg 1-4 · 83666 Waakirchen

T +49 8022 18800 *W* lanserhof.com/tegernsee

© Carsten Dammann

Gastgeber:
Dr. Christian Harisch,
seit 2014

AUSSTATTUNG UND FOKUS

Anzahl Zimmer & Suiten: 36 Zimmer, 34 Suiten

Fokus: Wellness

Kinderfreundlich: Nein

Hotelgruppe: Lanserhof Gruppe

PHILOSOPHIE DES HAUSES

In jahrelanger Forschungsarbeit erarbeitete das Team des *Lanserhof* ein weltweit einmaliges Gesundheitskonzept: Die *Lanserhof Kur* ist eine Symbiose aus Spitzenmedizin, Naturheilkunde und wissenschaftlichem Know-how. Nur wer nachhaltig gesund ist, fühlt sich auch geistig fit.

ALLEINSTELLUNGSMERKMALE

Der *Lanserhof* ist das weltweit führende Health Resort. Mehrfach ausgezeichnet, steht er seit über 35 Jahren für innovative Vitalmedizin und modernste Konzepte für Prävention und gesundheitliche Regeneration. Diese Kombination hilft dem Gast, sich körperlich und seelisch zu regenerieren.

GASTRONOMIE

Anzahl der Restaurants: 1

- Die *Lans Energy Cuisine* ist das Ernährungskonzept des Lanserhof: Nahrungsmittel höchster Qualität, optimaler Bekömmlichkeit und mit maximalem Geschmack. Es beinhaltet alle Erkenntnisse der Nahrungsmittelforschung und sämtliche Erfahrungen der globalen Ernährungsphilosophie.

WELLNESS

Größe des SPA: 7.000 m^2

Ausstattung und Besonderheiten SPA: Salzwasser-Pool mit Unterwassermusik, Pool mit Gegenstromanlage, Kältekammer, Gym, EMS, Yogaraum, Sauna, Dampfbad.

VERANSTALTUNGSRÄUME

Anzahl und Größe: 1 (bis 40 Personen)

FREIZEITANGEBOT

Wanderungen, Schneeschuhwanderungen, Mountainbike- und Lamatouren, Yoga, Pilates, Vorträge, Lesungen, Konzerte, E-Bike, SUP Boards, Waldbaden.

© Enzo Enea

BO

ROOMERS MUNICH

208,00 € bis 3.500,00 € Roomers Munich · Landsberger Strasse 86 · 80339 München

T +49 89 45 2202 0 *W* roomers-munich.com

© gekko group

Gastgeber:
David Frenser,
seit Oktober 2019

AUSSTATTUNG UND FOKUS

Anzahl Zimmer & Suiten: 270 Zimmer, 10 Suiten

Fokus: Business/Wellness/Lifestyle

Kinderfreundlich: Ja

Hotelgruppe: Gekko Group

PHILOSOPHIE DES HAUSES

Zwischen Hauptbahnhof und der durch das Oktoberfest weltberühmten Theresienwiese liegt das *Roomers* in einem lebhaften Viertel. Das Westend ist weniger touristisch und daher die ideale Standortwahl für ein *Roomers*, welches Locals und internationale Gäste zusammenbringt.

ALLEINSTELLUNGSMERKMALE

Mit *SPA by Shan Rahimkhan*, einer lebendigen Restaurant- und Bar-Kultur sowie 280 Zimmern und Suiten erleben Gäste Extravaganz und individuellen Lifestyle auf höchstem Niveau im trendigen Westend.

GASTRONOMIE

Anzahl der Restaurants: 1 (+1Bar)

- *Izakaya:* Gastronomischer Hot-Spot Münchens. Die moderne Interpretation eines kleinen, traditionellen japanischen Bistros. Hier wird japanische Küche mit Einflüssen aus Südamerika serviert.
- *Roomers Bar:* Mittelpunkt des Hotels. Hier werden außergewöhnliche Drinks im *Roomers* Style gemixt.

WELLNESS

Größe des SPA: 600 m²

Ausstattung und Besonderheiten SPA: Infinity Jacuzzi mit Kinoleinwand, *SPA by Shan Rahimkhan*, von der Maniküre und HydraFacials bis zur Ganzkörperbehandlung.

VERANSTALTUNGSRÄUME

Anzahl und Größe: 8 (bis 200 Personen)

Spezielle Tagungs-Services: RED Event Room – lässt sich schnell in einen Privatclub verwandeln, Event Kitchen, Crazy Library, Signature Suiten mit eigener Bar und Bartender.

FREIZEITANGEBOT

SPA by Shan Rahimkhan.

© Olaf Malzahn

SLOWDOWN TRAVEMÜNDE

119,00 € bis 329,00 € SlowDown Travemünde · Priwallpromenade 20 · 23570 Travemünde

T +49 4502 780 1000 *W* slowdown-travemuende.de

© SlowDown Travemünde

Gastgeber:
Martin Aye und
Sven Hollesen
seit März 2020

AUSSTATTUNG UND FOKUS

Anzahl Zimmer & Suiten: 108 Zimmer, 2 Suiten

Fokus: Business/Wellness/Ferien/Lifestyle

Kinderfreundlich: Nein

PHILOSOPHIE DES HAUSES

Am Strand sagen wir DU! Lasst uns zusammen den Augenblick im *SlowDown* nutzen und glücklich sein. Wir haben zwar keine Sterne, aber wir holen sie für euch vom Himmel.

ALLEINSTELLUNGSMERKMALE

Der Alltag hat seine hektische Seite, für die andere Seite gibt's das *SlowDown Travemünde.* Coole Lobby, Weinbar und Kaminlounge erwarten euch. Euer Zimmer ist etwas für sich: mit eigenem Dampfbad und zwei Regenduschen als eure private Wellnessoase, großem Balkon und Bio-Kamin.

GASTRONOMIE

Anzahl der Restaurants: 2

- *Tapas Olé:* Auf der 12-Gänge-Tapas-Reise werden jeden Abend köstliche Tapas aus der spanischen Spitzenküche serviert.
- *Baykery:* Unsere hauseigene *Baykery* lockt den ganzen Tag mit knackigen Brötchen, frischen Snacks, lauwarmem Kuchen und selbst geröstetem Kaffee.

WELLNESS

Größe des SPA: 300 m^2

Ausstattung und Besonderheiten SPA: Das *Bay SPA* macht rundum glücklich: mit intensiven Massagen, wunderbaren Beauty-Behandlungen, einer erholsamen Saunawelt.

VERANSTALTUNGSRÄUME

Anzahl und Größe: 10 (bis 400 Personen)

Veranstaltungstechnik: Helle Tagungsräume im Penthouse und mit Wasserblick, modernste Tagungstechnik (LED und Video Walls).

Spezielle Tagungs-Services: Mietet das ganze Hotel für euer Unternehmen und eure Mitarbeiter – für volle Flexibilität und besonders intensive Atmosphäre. Macht das *SlowDown* zu eurem Event-Hotel!

FREIZEITANGEBOT

Das *SlowDown Travemünde* liegt direkt in der spannenden Freizeitlocation Beach Bay an der Ostsee.

SLOWDOWN TRAVEMÜNDE

77
76

fincahotels - mehr als nur Urlaub!

fincahotels ist ein Lebensgefühl, eine Gemeinschaft derjenigen, die mehr von ihrer Urlaubsdestination erfahren und erleben wollen. Abseits ausgetretener Touristenpfade, weit entfernt von überfüllten Hotels, Gedrängel am Buffet und reservierten Liegen am Pool zeigen wir Ihnen das wahre Gesicht Ihrer Urlaubsdestination. Entdecken Sie mit fincahotels kleine, romantische Landhotels, herzliche Gastfreundschaft, zauberhafte Landschaften und erleben Sie bekannte Destinationen völlig neu.

Urlaub im Fincahotel -
mit Abstand der beste
Urlaub!
Wir bringen Urlaubern Land und Leute näher. Tauchen Sie ein in eine Welt voller Zauber und Magie.
fincahotels.com, über 300 romantische Land- und Boutiquehotels in Spanien und Italien.
Eine handverlesene Selektion einzigartiger Urlaubsdomizile mit Herz und Charme.
Einfach online buchen oder individuell beraten lassen.
...genau meine Welt!
fincahotels.com

IMPRESSUM

Herausgeber: Institute for Service- and Leadership Excellence

Industriestrasse 25 · CH-6060 Sarnen
Entwicklung, Organisation, Umsetzung: Lars Dubach & Team
board@i-sle.ch · die-101-besten-hotels-deutschlands.de

1. Auflage 2020: 10.000 Exemplare
Redaktionsschluss: 22. September 2020

Autor: Carsten K. Rath
Co-Autor: Rolf Westermann

Projektmanagement: David Rath
Text, Interviews und Recherche: Karolin Wappler
Lektorat: Anna Hilgenstöhler
Layout, Satz und Umschlaggestaltung: Judith Hilgenstöhler

Druck und Bindung: optimal media GmbH

Kontakt und Business Development: board@i-sle.ch

Bildrechte Seite 10-11:

Porträt Michael Raschke: Max Brugger für Handelsblatt
Porträt Rolf Westermann: Antonia Jenner, Jenner Egberts Foto+Film
Porträt Natascha Ziltz: Brit Glocke
Porträt Prof. Dr. Peter Thuy: IUBH
Porträt Carsten K. Rath: Andor Schlegel

ISBN 978-3-00-066097-9

INSTITUTE FOR SERVICE-
AND LEADERSHIP EXCELLENCE

Partner

Handelsblatt · ahgz · iubh Internationale Hochschule · CKR Hospitality

Folgende Hotels befinden sich ebenfalls unter den *101 besten Hotels Deutschlands:*
- Hotel Fürstenhof Leipzig
- Hotel Yachthafen Residenz Hohe Düne